आधुनिक काव्य : प्रतिनिधि रचनाएँ

आधुनिक काव्य : प्रतिनिधि रचनाएँ

सम्पादक

प्रो. आशुतोष कुमार सिंह

अध्यक्ष, हिन्दी विभाग

प्रो. राजेन्द्र सिंह (रज्जू भय्या) विश्वविद्यालय, प्रयागराज

सह-सम्पादक

डॉ. अलका मिश्र

डॉ. राधेश्याम सिंह

वाणी प्रकाशन

प्रकाशन के उत्कृष्टतम 61 वर्ष

vaniprakashan.com

प्रथम संस्करण : 2024

वाणी प्रकाशन

4695, 21-ए, दरियागंज, नयी दिल्ली-110 002

फ़ोन : +91 11 23273167, 23275710

शाखाएँ

अशोक राजपथ, पटना-800 004, बिहार

कॉफ़ी हाउस कैम्पस, महात्मा गांधी मार्ग, प्रयागराज-211 001, उत्तर प्रदेश

महात्मा गांधी अन्तरराष्ट्रीय हिन्दी विश्वविद्यालय, वर्धा-442 001, महाराष्ट्र

sales@vaniprakashan.in

vaniprakashan@gmail.com

Adhunik Kavy : Pratinidhi Rachanayen

Edited by Prof. Ashutosh Kumar Singh

ISBN : 978-93-6287-862-5

मूल्य : ₹ 112

आर.टेक ऑफ़सेट प्रिंटर्स, दिल्ली-110 032 में मुद्रित

वाणी प्रकाशन का लोगो मक़बूल फ़िदा हुसेन की कूची से

अनुक्रम

भूमिका

छायावाद का आरम्भ सामान्यत: 1920 ई. के आसपास से माना जाता है। तत्कालीन पत्र-पत्रिकाओं से पता चलता है कि 1920 तक 'छायावाद' संज्ञा का प्रचलन हो चुका था। मुकुटधर पाण्डेय ने 1920 की जुलाई, सितंबर, नवंबर और दिसंबर की श्रीशारदा (जबलपुर) में 'हिन्दी में छायावाद' शीर्षक से चार निबन्धों की एक लेखमाला छपवायी थी। जब तक किसी प्राचीनतर सामग्री का पता नहीं चलता, इसी को छायावाद-सम्बन्धी सर्वप्रथम निबन्ध कहा जा सकता है। 'हिन्दी में उसका नितान्त अभाव देखकर' मुकुटधर जी ने 'इधर-उधर की कुछ टीका-टिप्पणियों के सहारे' वह निबन्ध प्रस्तुत किया था। इससे स्पष्ट है कि उस निबन्ध से पहले भी छायावाद पर कुछ टीका-टिप्पणियाँ हो चुकी थीं।

लेखमाला के प्रथम निबन्ध 'कवि-स्वातन्त्र्य' में मुकुटधर जी ने रीति-ग्रन्थों की परतन्त्रता से मुक्त होकर कविता में व्यक्तित्व तथा भाव, भाषा, छन्द, प्रकाशन-रीति आदि में मौलिकता की आवश्यकता पर जोर दिया है। दूसरा निबन्ध 'छायावाद क्या है?' सबसे महत्त्वपूर्ण है। आरम्भ में ही लेखक कहता है–"अंग्रेजी या किसी पाश्चात्य साहित्य अथवा बंग साहित्य की वर्तमान स्थिति की कुछ भी जानकारी रखनेवाले तो सुनते ही समझ जायेंगे कि यह शब्द 'मिस्टिसिज्म' के लिए आया है।" फिर भी छायावाद "एक ऐसी मायामय सूक्ष्म वस्तु है कि शब्दों द्वारा उसका ठीक-ठीक वर्णन करना असम्भव है" क्योंकि "ऐसी रचनाओं में शब्द अपने स्वाभाविक मूल्य को खोकर सांकेतिक चिह्न मात्र हुआ करते हैं।"

"छायावाद के कवि वस्तुओं को असाधारण दृष्टि से देखते हैं। उनकी रचना की सम्पूर्ण विशेषताएँ उनकी इस 'दृष्टि' पर ही अवलम्बित रहती हैं। वह क्षण-भर में बिजली की तरह वस्तु को स्पर्श करती हुई निकल जाती है। अस्थिरता और क्षीणता के साथ उसमें एक तरह की विचित्र उन्मादकता और अन्तरंगता होती हैं जिसके कारण वस्तु उसके प्रकृत रूप में नहीं किन्तु एक अन्य रूप में दीख पड़ती है।

उसके इस अन्य रूप का सम्बन्ध कवि के अन्तर्जगत् से रहता है।...यह अन्तरंग दृष्टि ही 'छायावाद' की विचित्र प्रकाशन रीति का मूल है।" इस प्रकार मुकुटधर जी की सूक्ष्म दृष्टि ने 'छायावाद' की मूल भावना 'आत्मनिष्ठ अन्तदृष्टि' को पहचान लिया था। जब उन्होंने कहा कि "चित्र दृश्य वस्तु की आत्मा का ही उतारा जाता है," तो छायावाद की मौलिक विशेषता की ओर संकेत किया। छायावादी कवियों की कल्पनाप्रियता पर प्रकाश डालते हुए मुकुटधर जी कहते हैं–"उनकी कविता देवी की आँखें सदैव ऊपर की ही ओर उठी रहती है; मृर्त्यलोक से उसका बहुत कम सम्बन्ध रहता है; वह बुद्धि और ज्ञान की सामर्थ्य-सीमा को अतिक्रम करके मन-प्राण के अतीत लोक में ही विचरण करती रहती है।"

"यहीं छायावादिता से आध्यात्मिकता तथा धर्म-भावुकता का मेल होता है। यथार्थ में उसके जीवन के ये दो मुख्य अवलम्ब हैं।"

छायावाद में प्रकृति का उपयोग प्राय: प्रतीक की तरह होता है, इस तथ्य की ओर संकेत करते हुए मुकुटधर जी कहते हैं कि "प्राकृतिक दृश्य और घटनाएँ सांकेतिक रूप से अदृश्य तथा अव्यक्त के प्रकाशन में साहयता पहुँचाती हैं।"

छायावाद के कलापक्ष पर विचार करते हुए मुकुटधर जी "काव्य में चित्रकारी और संगीत का अपूर्व एकीकरण" उसका आदर्श मानते हैं।

लेखमाला के शेष दो निबन्धों का ही शीर्षक है–हिन्दी में छायावाद। इनमें छायावाद पर लगाये गये 'अस्पष्टता' आदि आरोपों का स्पष्टीकरण करते हुए अन्त में श्री मुकुटधर पाण्डेय ने लिखा है कि "छायावाद की आवश्यकता हम इसीलिए समझते हैं कि उससे कवियों को भाव-प्रकाशन का एक नया मार्ग मिलेगा। इस प्रकार के अनेक मार्गों–अनेक रीतियों का होना ही उन्नत साहित्य का लक्षण है।"

मुकुटधर पाण्डेय के इस निबन्ध की विस्तृत चर्चा इसलिए की गयी है कि यह छायावाद पर पहला निबन्ध होने के साथ ही अत्यन्त सूझ-बूझ भरी गम्भीर समीक्षा भी है। इस निबन्ध का ऐतहासिक महत्त्व ही नहीं, बल्कि स्थायी महत्त्व भी है।

उस युग की प्रतिनिधि प्रत्रिका 'सरस्वती' में छायावाद का सर्वप्रथम उल्लेख जून 1921 के अंक में मिलता है। सुशीलकुमार ने 'हिन्दी में छायावाद' शीर्षक एक संवादात्मक निबन्ध लिखा है। संवाद में भाग लेने वाले कुल चार व्यक्ति हैं–ब्राह्म कन्या-विद्यालय में उच्च शिक्षा प्राप्त सुशीला देवी, उनके आत्मीय किन्तु लक्ष्मी के कृपापात्र पति हरिकिशोर बाबू, चित्रकार रामनरेश जोशी और कवि-सम्राट पन्त जी। पहले केवल प्रथम तीन व्यक्तियों में जोशी जी के एक 'छाया-चित्र' पर बातचीत होती है, जिसे उन्होंने पन्त जी की एक कविता के आधार पर बनाया है। चित्र के नाम पर बढ़िया फ्रेम में मढ़ा कोरा कागज है और उसके नीचे लिखा है 'छाया'।

हरिकिशोर बाबू के अनुसार वह निर्मल ब्रह्म की विशद छाया है। स्वयं जोशी जी ने भी उसमें किसी प्रकार 'अनन्त की अस्पष्टता को स्पष्ट करने' का प्रयत्न किया था। अन्त में पन्त जी आते हैं और वे भी कविता के नाम पर एक 'कोरा कागज' प्रस्तुत करते हैं जिसका आधार जोशी जी का वही चित्र है। हरिकिशोर बाबू के शब्दों में, "यह तो वाणी की नीरवता है, निस्तब्धता का उच्छवास है, प्रतिभा का विलास है, और अनन्त का विलास है।" कवि-सम्राट् अपने वक्तव्य में कहते हैं, "छायावाद का प्रधान गुण है अस्पष्टता। भाव इतने स्पष्ट हो जायें कि वे कल्पना के अनन्त गर्भ में लीन हो जायें। मेरी यह सम्मति है कि शब्द अक्षरों से बनते हैं और अक्षर, अविनाशी है। वह तो अज्ञेय है, अनन्त है। अतएव हमें भाषा को वह रूप देना चाहिए जिससे वह नीरव हो जाये। वह कर्णश्रुत न होकर हृदयगम्य हो, इन्द्रियगोचर न होकर आत्मा से ग्राह्य हो।"

इस व्यंग्यात्मक निबन्ध से एक और बात सामने आती है कि उस समय के लोग छायावाद की कविता को टैगोर-स्कूल के छायाचित्रों के साथ रखकर देखते थे। यहाँ भी अभिव्यक्ति की अस्पष्टता को ही लेकर व्यंग्य किया गया है।

इस तरह उप कविताओं के लिए हिन्दी छायावाद और अंग्रेजी 'मिस्टिसिज्म' शब्द चल पड़े और इन दोनों में भी हिन्दी छायावाद अधिक प्रचलित हुआ। परन्तु जैसा कि 'सुकवि-किंकर' आचार्य महावीरप्रासद द्विवेदी के मई, 1927 ई. की 'सरस्वती' में प्रकाशित 'आजतक के हिन्दी कवि और कविता' शीर्षक निबन्ध से पला चलता है, छायावाद और 'मिस्टिसिज्म' पर्याय नहीं समझे जाते थे। आचार्य की समझ में नहीं आता था कि इन कविताओं को मिस्टिसिज्म क्यों कहा जाता है क्योंकि पं. मथुराप्रासद दीक्षित के 'त्रैभाषिक कोश' के अनुसार 'मिस्टिक' का अर्थ होता है गूढ़ार्थ, गुह्य, गुप्त, गोप्य, रहस्य आदि। इधर इन कविताओं में आचार्य द्विवेदी को आध्यात्मिक रहस्य दिखाई ही नहीं पड़ता था। रवीन्द्रनाथ की कविताओं में तो वे 'आध्यात्मिक रहस्य' मान लेते थे; परन्तु हिन्दी कवियों के प्रति वे शंकालु थे। इसलिए उनके अनुसार पन्त, पाण्डेय आदि की कविताएँ छायावादी ही थीं। छायावाद का अर्थ ठीक-ठीक न समझते हुए भी वे उन कविताओं को छायावादी मानते थे। कहते हैं, "छायावाद से लोगों का क्या मतलब है, कुछ समझ में नहीं आता। शायद उनका मतलब है कि किसी कविता के भावों की छाया यदि कहीं अन्यत्र जाकर पड़े तो उसे छायावादी कविता कहना चाहिए।" उनके विचार से 'अन्योक्ति-पद्धति' ही छायावाद है। इस तरह आचार्य उन कविताओं और छायावाद संज्ञा में सम्बन्ध स्थापित करके दोनों में निहित अर्थ को पकड़ने की कोशिश कर रहे थे। ध्यान देने की बात है कि आचार्य द्विवेदी ने 'रहस्य' शब्द को तो ऊपर किया, परन्तु रहस्यवाद शब्द का प्रयोग नहीं किया।

लगभग दो साल बाद 1929 ई. में आचार्य रामचन्द्र शुक्ल का 'काव्य में रहस्यवाद' निबन्ध पुस्तकाकार निकला, जिससे पता चलता है कि 'रहस्यवाद' शब्द का प्रचलन पहले से हो चुका था। पन्त का 'पल्लव' तब तक निकल गया था। शुक्ल जी के निबन्ध से पता चलता है कि उनका ध्यान मुख्यतः पन्त जी की उन कविताओं पर केंद्रित था, जिनमें रहस्य के प्रति प्रायः जिज्ञासा और कहीं-कहीं लालसा व्यक्त की गयी थी। उनके अनुसार 'अज्ञात के प्रति जिज्ञासा' ही सच्ची रहस्य-भावना है। परन्तु उन्होंने देखा कि छायावादी कवि उस जिज्ञासा को आध्यात्मिकता का रूप दे रहे हैं; इसलिए छायावादी रहस्य-भावना को उन्होंने साम्प्रदायिक अथवा आध्यात्मिक रहस्यवाद समझ लिया। उन्हें छायावाद की इस आध्यात्मिकता का मूल स्रोत रवीद्रनाथ में दिखाई पड़ा और चूँकि रवीन्द्रनाथ ब्राह्म थे और ब्राह्मों का मत ईसाई धर्म से ज्यादा मिलता था, इसलिए शुक्ल जी ने इन सबमें एक तरह का सम्बन्ध स्थापित कर लिया। वे इस निष्कर्ष पर पहुँचे कि ईसाई धर्म की ही आध्यात्मिकता ब्राह्म माध्यम से हिन्दी कविता में व्यक्त हो रही है। जब मूल भाव की एकसूत्रता स्थापित हो गयी तो उन्होंने छायावाद नाम के साथ भी उसका मेल मिला दिया। बुद्धि हो तो आदमी क्या नहीं कर सकता! उन्हें ईसाई मत में छाया अर्थ देने वाला एक 'फैंटसमेटा' शब्द भी मिल गया। बस फिर क्या था? उन्होंने छायावाद शब्द को उससे जोड़ दिया और साबित कर दिया कि 'छायावाद नाम और भाव-धारा दोनों दृष्टियों से यूरोप का प्रभाव है। जिस तरह उन्होंने यूरोपीय और हिन्दी आध्यात्मिकता के बीच में बंगला को माध्यम माना; उसी तरह उन्होंने हिन्दी छायावाद और ईसाई 'फैटसमैटा' के बीच की बंगला कड़ी की भी कल्पना कर डाली और कह चले कि बंगला में भी इन कविताओं को छायावाद कहते थे। बंगला में छायावाद नामक कोई वाद-सा शब्द है या नहीं, इसकी छानबीन करना उनका प्रयोजन न था। उन्हें तो अपनी बात रखनी थी, रख दी। गलत हो चाहे सही।

यह प्रवाद कि बंगला में भी छायावाद नामक एक 'वाद' है, बहुत दिनों बाद हजारीप्रसाद द्विवेदी द्वारा निर्मूल हुआ।

तात्पर्य यह कि शुक्ल जी ने छायावाद की केवल आध्यात्मिक कविताओं को अपने दृष्टि-पथ में रखा और इसीलिए रहस्यवाद को छायावादी कविताओं की विषयवस्तु कहा। उनका यह विचार अन्त तक बना रहा। शेष को वह शैली-मात्र मानते थे। जिस तरह आचार्य महावीरप्रसाद द्विवेदी छायावाद को 'अन्योक्ति-पद्धति समझते थे, उसी तरह आचार्य शुक्ल भी उसे शैली मानते थे जिसमें 'अन्योक्ति' के अतिरिक्त भी कई प्रकार की शैलियों का समावेश था।

आगे चलकर आलोचकों ने शुक्ल जी ने प्रवर्तित इस द्वैतवाद को समाप्त करते हुए स्थापित किया कि भाव के क्षेत्र में जो रहस्यवाद है, वहीं शैली में लाक्षणिक वक्रता, अप्रस्तुत योजना आदि रूपों में व्यक्त होता है। इस तरह इन्होने रहस्यवादी विषय और लाक्षणिक शैली दोनों को एक कर दिया। इस समन्वित रूप को प्रसाद जी ने 'रहस्यवाद' नाम दिया और नन्ददुलारे वाजपेयी ने छायावाद कहना शुरू किया था।

वाजपेयी जी का भी छायावाद आध्यात्मिक ही है। हिन्दी साहित्य : 'बीसवीं शताब्दी' नामक पुस्तक के 'महादेवी वर्मा' शीर्षक निबन्ध में छायावाद की परिभाषा देते हुए वे कहते हैं कि "मानव अथवा प्रकृति के सूक्ष्म किन्तु व्यक्त सौन्दर्य में आध्यात्मिक छाया का भान मेंरे विचार से छायावाद की एक सर्वमान्य व्याख्या हो सकती है।" वाजपेयी जी की आध्यात्मिक छाया शुक्ल जी का 'फैंटसमैटा', अथवा छायाभास ही है–केवल इस अन्तर के साथ कि उसमें धार्मिक स्थूलता नहीं है।

अपने को इस परिभाषा में बाँधकर वाजपेयी जी ने प्रसाद, पन्त, निराला, महादेवी की बहुत-सी कविताओं को छोड़ दिया। उन्होंने अपनी परिभाषा का निर्माण छायावादी कतिवयों की केवल एक तरह की कवितओं के आधार पर किया वाजपेयी जी की इस परिभाषा के पीछे शान्तिप्रिय द्विवेदी, महादेवी वर्मा, नगेन्द्र आदि की यह प्रचलित धारणा भी है कि छायावाद स्थूल के विरुद्ध सूक्ष्म का विद्रोह है। छायावाद में निःसन्देह सूक्ष्मता काफी है, लेकिन इस सूक्ष्मता की सीमा के कारण हम निराला और प्रसाद की उन कविताओं से वंचित रह जाते हैं, जिनमें अतीव मांसलता है। इसलिए इस परिभाषा में स्पष्ट ही अव्याप्ति दोष है। जो हो, इन तमाम बातों से मालूम होता है कि शुरू-शुरू में जिस अस्पष्टता के लिए छायावाद शब्द चलाया गया, वही थोड़ा नाम बदलकर मुकुटधर पाण्डेय और आचार्य शुक्ल से होती हुई नन्ददुलारे वाजपेयी और नगेन्द्र तक आयी और अब भी अनेक विद्यार्थियों का संस्कार बन गयी है। सुशील कुमार की अस्पष्टता, मुकुटधर की आध्यात्मिकता, आचार्य द्विवेदी का रहस्य, शुक्ल जी का आध्यात्मिक छायाभास, वाजपेयी जी का 'आध्यात्मिक छाया का भान' और नगेन्द्र का 'स्थूल के प्रति सूक्ष्म का विद्रोह' सब एक-से ही चिन्तन-क्रम में है।

छायावादी कविताओं की आलोचना-प्रत्यालोचना के सिलसिले में जिस समय अंग्रेजी का 'मिस्टिसिज्म' शब्द आया, उसके कुछ ही दिन बाद 'रोमांटिसिज्म' शब्द आ गया। शुक्ल जी ने इसका हिन्दी अनुवाद स्वच्छन्दतावाद किया और श्रीधर पाठक, रामनरेश त्रिपाठी आदि को स्वच्छन्दतावाद कृति कहा। इस तरह शुक्ल जी ने 'स्वच्छन्तावाद' और छायावाद में अन्तर किया। वे छायावाद को 'रोमांटिसिज्म'

कहने के पक्ष में नहीं थे। आश्चर्य की बात है कि प्रसाद, पन्त, निराला को शैली आदि से प्रभावित मानते हुए भी शुक्ल जी उन्हें रोमांटिक मानने से इनकार करते थे। परन्तु यहाँ भी शुक्ल जी का द्वैतवाद न चल सका। कवि, आलोचक और सामान्य पाठक छायावाद को रोमांटिसिज्म का पर्याय समझने लगे। कुछ लोग शुक्ल जी द्वारा गढ़े हुए स्वच्छन्दतावाद को भी छायावाद का पर्याय अथवा अंग मानने लगे तथा अन्य लोग छायावाद को स्वच्छन्दतावाद का द्वितीय उत्थान कहना अधिक युक्तिसंगत लेना चाहिए।

इस तरह प्रसाद, निराला, पन्त तथा महादेवी वर्मा की कविताओं की चर्चा के सिलसिलें में अंग्रेजी के 'मिस्टिसिज्म' और 'रोमांटिसिज्म' तथा हिन्दी के रहस्यवाद, छायावाद और स्वच्छन्दतावाद शब्द आये। व्यवहार में रहस्यवाद 'मिस्टिसिज्म' का पर्याय हो गया है और छायावाद तथा स्वच्छन्दतावाद 'रोमांटिसिज्म' के लिए प्रयोग में होने शुरू हो गये थे। जहाँ तक रहस्यवाद, छायावाद और स्वच्छन्दतावाद शब्दों के शब्दार्थ और लोक-प्रचलित भाव का सम्बन्ध है, इन तीनों में निःसन्देह थोड़ा-थोड़ा अन्तर है। रहस्यवाद अज्ञात की जिज्ञासा है, तो छायावाद चित्रण की सूक्ष्मता और स्वच्छन्दतावाद प्राचीन रूढ़ियों से मुक्ति की आकांक्षा हैं।

परन्तु जब युगविशेष की काव्यधारा के सम्बन्ध में इन शब्दों पर विचार किया जाता है तो रहस्यवाद, छायावाद और स्वच्छन्दतावाद तीनों एक ही काव्यधारा की विविध प्रवृत्तियाँ मालूम होती है। वस्तुतः ऐसी बहुत-सी कविताएँ हैं जिनमें एक ही जगह रहस्यवाद, छायावाद और स्वच्छन्दतावाद तीनों हैं। उदाहरण के लिए पन्त के मौन-निमन्त्रण को ले सकते है। इसमें, 'अज्ञात की जिज्ञासा' होने के कारण रहस्यवाद है, अभिव्यक्ति की सूक्ष्मता के कारण छायावाद है और कल्पना-लोक में स्वच्छन्द विचरण करने के कारण स्वच्छन्दतावाद भी है। जब एक कविता में इन तीनों वादों अथवा प्रवत्तियों को अलगाना कठिन है, तो पूरी काव्यधारा की क्या बात कर सकते हैं?

इसलिए उचित तो यही मालूम होता है कि जिस तरह अन्य साहित्यों में अनेक प्रवृत्तियों के पुंज रोमांटिक काव्य को एक संज्ञा 'रोमांटिसिज्म' दी गयी है, उसी तरह अनेक प्रवत्तियों के पुंज छायावादी काव्य को भी एक ही नाम देना चाहिए। कहना न होगा कि यह एक नाम छायावाद ही हो सकता है। छायावाद नाम सबसे पुराना होने के साथ ही प्रसाद, निराला, पन्त और महादेवी की कविता के लिए रूढ़ भी हो गया है। ऐसी हालत में ' छायावाद' शब्द का अर्थ चाहे जो हो, परन्तु व्यावहारिक दृष्टि से यह प्रसाद, निराला, पन्त और महादेवी की उन समस्त कविताओं का द्योतक है, जो 1918 से 1936 तक के बीच लिखी गयी। छायावाद की मनमानी परिभाषा करने

की अपेक्षा उसके ऐतिहासिक और व्यावहारिक अर्थ को स्वीकार करना अधिक वैज्ञानिक है।

अपनी परिभाषा को पहले ही से संकुचित कर फिर यह निर्णय देना कि पन्त शुद्ध छायावादी है और दूसरे नहीं अथवा महादेवी शुद्ध छायावादी हैं अन्य नहीं, अपनी सीमा प्रदर्शित करना है। अपनी संकुचित परिभाषा के ही कारण कुछ लोग पन्त की रचनाओं में भी केवल पल्लव और पल्लव में भी कुछेक कविताओं को ही छायावाद के अन्तर्गत स्वीकार करते है। इस तरह की बातें आत्मनिष्ठ दृष्टि का परिणाम है।

वस्तुतः छायावादी कविताओं की परिभाषा का निश्चय उन कविताओं में पाई जानेवाली सभी प्रवृत्तियों के आधार पर होना चाहिए और यहाँ हमें यह न भूलना चाहिए कि छायावाद उस राष्ट्रीय जागरण की काव्यात्मक अभिव्यक्ति है जो एक ओर पुरानी रूढ़ियों से मुक्ति चाहता था और दूसरी ओर विदेशी परीधीनता से। इस जागरण में जिस तरह क्रमशः विकास होता गया, इसकी काव्यात्मक अभिव्यक्ति भी विकसित होती गयी और इसके फलस्वरूप 'छायावाद' संज्ञा का भी अर्थ-विस्तार होता गया। 'छायावाद' नामकरण जिन कविताओं के आधार पर हुआ था, वैसी ही कविताएँ अगले वर्षों में भी नहीं होती रहीं; बल्कि उनकी विषयवस्तु तथा रूप-विन्यास का विस्तार हुआ। इसलिए छायावाद के आरम्भिक अर्थ में भी क्रमशः व्यापकता का आना स्वाभाविक है।

मैथिलीशरण गुप्त

'साकेत' राष्ट्रकवि मैथिलीशरण गुप्त की वह अमर कृति है जिसे वे अपने साहित्यिक जीवन की अन्तिम रचना के रूप में पूरी करना चाहते थे। उनकी इस इच्छा के अनुरूप 'साकेत' वास्तविक अर्थों में उनकी अमर रचना बन गयी। यद्यपि 'साकेत' में राम, लक्ष्मण और सीता के वन गमन का मार्मिक चित्रण है, इस कृति में समस्त मानवीय संवेदनाओं की अनुभूति पाठक को होती है।

इस कृति में उर्मिला के विरह का जो चित्रण गुप्त जी ने किया है, वह अत्यधिक मार्मिक और गहरी मानवीय संवेदनाओं और भावनाओं से ओत-प्रोत है। सीता तो राम के साथ वन गयी, किन्तु उर्मिला लक्ष्मण के साथ वन न जा सकीं। इस कारण उनके मन में विरह की जो पीड़ा निरन्तर प्रवाहित होती है, उसका जैसा करुण चित्रण राष्ट्रकवि ने किया है, वैसा चित्रण अन्यत्र दुर्लभ है।

इस करुण चित्रण को पढ़कर पाठक के मन में करुणा की ऐसी तरंग उठना अनिवार्य है कि आँखें बरबस नम हो जायें और राष्ट्रकवि की साहित्यिक क्षमता को नमन कर उठें।

श्री मैथिलीशरण गुप्त का जन्म उत्तर प्रदेश के चिरगाँव, जिला झाँसी में 3 अगस्त 1886 में हुआ था। उनकी आरम्भिक शिक्षा चिरगाँव की ही पाठशाला में हुई फिर झाँसी के मेकडॉनल स्कूल में प्रवेश लिया। किन्तु वहाँ से शीघ्र ही लौट आये और प्राय: घर पर ही रहकर स्वाध्याय से हिन्दी, संस्कृत और बांग्ला साहित्य का ज्ञान प्राप्त किया। गुप्त जी के काव्य में मानव जीवन की प्राय: सभी अवस्थाओं एवं परिस्थितियों का वर्णन हुआ है। अत: इनकी रचनाओं में सभी रसों के उदाहरण मिलते हैं।

'साकेत' : नवम सर्ग

प्रबन्ध काव्य लिखने में गुप्त जी को सर्वाधिक सफलता प्राप्त हुई है। मैथिलीशरण गुप्त की कविता का मूल स्वर राष्ट्रीय एवं सांस्कृतिक है। उन्होंने प्राचीन भारत का गौरव-गान अत्यन्त ओजस्वी वाणी में किया है। उनके काव्य में परिनिष्ठित खड़ी बोली का प्रयोग हुआ है। वस्तुतः उसे काव्य के उपयुक्त सिद्ध करने वालों में गुप्त जी अग्रणी थे। साकेत, यशोधरा, द्वापर, सिद्धराज, पंचवटी, जयद्रथ-वध, भारत-भारती आदि उनकी कालजयी कृतियाँ हैं। मैथिलीशरण गुप्त जी 12 दिसम्बर, 1964 को राममय हो गये।

दद्दा श्री मैथिलीशरण गुप्त की सभी रचनाओं में से 'भारत-भारती' व 'साकेत' सर्वाधिक लोकप्रिय हुई हैं। 'साकेत' के प्रकाशन पूर्ण की ऐतिहासिक पृष्ठभूमि भी है। पूर्ण होने पर 'साकेत' की प्रति दद्दा ने महात्मा गांधी और आचार्य महावीर प्रसाद द्विवेदी को भेजी थी।

गांधी जी और मैथिलीशरण गुप्त जी, 'साकेत' के बारे में जो अपने विचार व्यक्त करते हैं कुछ इस प्रकार है–

पूज्य बापू!

प्रणाम! कृपापत्र पाकर कृतार्थ हुआ। जो कुछ मैं चाहता था, उससे अधिक मुझे आप के इस वाक्य में मिल गया कि 'सब रसपूर्वक पढ़ा गया। बहुत अच्छे लगे।'

बापू, आप तो समझौते के लिए सदा प्रस्तुत रहते हैं। सम्भव हो तो मेरी भी एक बात मान लीजिए। आप उर्मिला के विषाद को 'साकेत' में स्थान रहने दीजिए और मैं दशरथ के जितने आँसू पोंछ सकूँ, साकेत के अगले संस्करण तक पोंछने का प्रयत्न करूँ। मेरी माँग बहुत नहीं है। एक तो इसलिए कि आप उसे स्थान मिलने में सन्देह मात्र करते हैं, दूसरे एक दृष्टि से उसे सुन्दर भी समझते है। अपनी माँग उपस्थित करने में मेरे दिये हुए हेतु यदि सबल न जान पड़ें, तो इसे मेरी-तर्क-दुर्बलता

ही समझिए और हो सके तो, अपने निकट मेरी ओर से भी थोड़ी-बहुत वकालत कर लीजिए।

आपने उर्मिला के विषाद की बात कह कर लिखा है–'साकेत में उसको शायद ही स्थान हो सकता।' इसी के अनन्तर आपने तुलसीदास की चर्चा करके मानस की रचना में उर्मिला के अध्याहार की बात कही है। उसे पढ़कर एक बार मुझे यह भान भी हुआ कि यहाँ 'साकेत' से आपका अभिप्राय 'मानस' से तो नहीं है। ऐसा हो तो मुझे कुछ कहने की आवश्यकता नहीं। परन्तु मैं 'साकेत' को विशेष अर्थ में लेकर ही अपना आवेदन उपस्थित करूँगा।

मानस की रचना में उर्मिला का अध्याहार करने की बात मैंने पहले भी सुनी है। क्यों नहीं, यह भी एक कला है। इस प्रकार की कला अपने मौन से इतना कह देती है, जितना वाणी से नहीं कहा जा सकता। वह अपने विषय को अकथनीय अथवा गूँगे का गुड़ बना देती है, परन्तु यह भी यथार्थ जान पड़ता है कि तुलसीदास को राम और सीता के चरित्र को ही प्रधानता देनी थी। उनके लिए उचित भी यही था। ऐसी दशा में उर्मिला के थोड़े से वर्णन से कदाचित् उन्हें सन्तोष न होता और अधिक वर्णन से सम्भवत: मुख्य विषय में बाधा पड़ती। जैसा आपने कहा है, उन्होंने प्रत्येक पृष्ठ और प्रत्येक वाक्य में सीताराम का ही जप जपाया है। 'रामचरितमानस' के नाम से भी यही प्रकट होता है। इसी कारण मैंने अपनी रचना का नाम 'साकेत' रखा। उसमें मुझे सब के दर्शन की सुविधा मिल गयी है, और आपने देखा होगा, उसमें मैंने कुछ देर तक माण्डवी की झाँकी के एवं एक झलक श्रुतकीर्ति के भी दर्शन पाए हैं तथा शत्रुघ्न का भाषण भी सुना है। मैं नम्रतापूर्वक आपको विश्वास दिलाता हूँ कि तुलसीदास का दोष मानकर अथवा उनसे स्पर्धा करने के लिए मैंने उर्मिला का वर्णन नहीं किया है। आपके शब्दों में उनके इस अनुपम धर्मग्रन्थ ने ही मुझे इस ओर प्रेमाभिभूत करके आकर्षित किया है।

गुरु गोविन्द दोऊ खड़े, काके लागूँ पायँ,
बलिहारी गुरु आपने, गोविन्द दियो बताय।

इस पद्य की सार्थकता तुलसीदास में उतनी ही दिखाई देती है, जितनी वह हो सकती है। अस्तु।

उपर्युक्त सुविधा, मुख्यतया उर्मिला की अनुभूति और अपनी रचना में कुछ नवीनता की इच्छा पर ही 'साकेत' का अस्तित्व है। फिर भी तुलसीदास के उद्‌देश्य से मेरे उद्‌देश्य में कुछ भिन्नता तो है ही। सख्य भाव की उपासना में दीक्षित होते हुए भी

मानस के राम के समीप मुझे बहुत सावधान रहना पड़ता है। उनकी मित्रता मानो राजा की मित्रता है, जो हाथी पर चढ़ाते-चढ़ाते शूली पर भी चढ़ा सकती है। इसलिए मुझे उनसे डर लगा रहता है। वह अभ्यस्त भय 'साकेत' में भी नहीं छूटा और मुझे उन्हें प्रभु कहते ही बना है। फिर भी मानो मेरा भाव समझ कर 'ये यथा माम् प्रपद्यन्ते तास्तथैव भजाम्यहम्' के अनुसार 'साकेत' में वे उसी प्रकार आ बैठे हैं, जैसे आप अपने बड़प्पन को लिखने की गद्दी पर छोड़ कर आश्रम के बच्चों के बीच में आकर हँसते-खेलते हैं।

श्री रवीन्द्रनाथ ठाकुर ने एक स्थान पर लिखा है–

"रामायण में किसी देवता ने अपने को गर्व करके मनुष्य नहीं बनाया है, एक मनुष्य ही अपने गुणों के कारण बढ़कर देवता बन गया है।" कवि ठाकुर की लेखनी में ऐसी शक्ति है कि वह किसी साधारण से साधारण पात्र को लेकर भी उसे बढ़ाकर देवत्व प्रदान कर सकती है। परन्तु मेरे लिए तो यही आधार है कि स्वयं देवता नहीं, करुणा तथा लीलामय स्वयं ब्रह्म अपने को अवतीर्ण कर मेरे बालविनोद में सम्मिलित हो जायें। इसलिए 'साकेत' के प्रधान पात्रों ने मानो अपनी अलौकिकता छोड़कर अधिकतर लौकिकता ही धारण कर ली है। तथापि जैसा मैं कह चुका हूँ 'साकेत' में मुझे राम को प्रभु कहते ही बना है। लक्ष्मण में सैनिक भाव की प्रबलता रहते हुए भी वह लौकिकता यथेष्ठ मात्रा में होने से मेरी उनके साथ सरलतर से निभ जाती है। ऐसी दशा में आप ही बताइए, उर्मिला के अध्याहार से मेरा काम कैसे चल सकता?

यह ठीक है कि जैसी सीता, वैसी ही उनकी भगिनियाँ। परन्तु तत्त्वतः एक होते हुए भी, जैसे मनुष्य-रूप में राम और लक्ष्मण के स्वभाव में विभेद-वैचित्र्य है, वैसे ही उर्मिला और सीता में होना स्वाभाविक है। यह वैचित्र्य लीलाशील सीताराम को भी इष्ट था। इसी से चार मूर्तियों में वे अवतीर्ण हुए। वस्तुतः रामचरितमानस के सीताराम 'साकेत' में नायकों के भी नायक और सबके शिक्षक अथवा शासक के रूप में प्रतिष्ठित हैं। इस नाट्यलीला में जितने पात्र हैं, सीताराम ही सब के सूत्रधार हैं। मेरे मानस में वे अपना जप जपाते हैं; किन्तु 'साकेत' में पाठ पढ़ाते हैं। 'साकेत' में सीता ही उर्मिला को आत्मविश्वास की शिक्षा देती हैं।

धनुष के टूटने के पहले ही सीता न राम को मन से वरण कर लिया है। इसी पर उर्मिला को जीवन में पहली चिन्ता हुई। वह घबराकर कहती हैं–'प्रभु चाप न जो चढ़ा सकें'–परन्तु सीता निश्चिन्त हैं। वे उससे कहती हैं–

"चढ़ता उनसे न चाप जा, वह होते न समर्थ आप जो,
उठती यह भौंह भी भला, उनके ऊपर तो अचंचला?

दृढ़ प्रत्यय के बिना कही, यह आत्मार्पण दीखता नहीं।"

यही है वह आत्म-विश्वास, जो भयानक कहा जा सकता है। परन्तु उर्मिला ने उसकी शिक्षा पाई, और वह भी यह कहने को समर्थ हुई है कि–

"यदि लोक धरे, न मैं रही, मुझको लीक धरे, यही सही।"

इस दृढ़ प्रत्यय की समाप्ति यहीं नही हो जाती। अयोध्या में सुना जाता है कि लक्ष्मण को शक्ति लगी है, और भरत की ओर से उर्मिला को शत्रुघ्न सान्त्वना देते हैं–

"भाभी, भाभी सुनो, चार दिन तुम सब सहना,
मैं लक्ष्मण-पथ-पथी आर्य का है यह कहना।"

इस पर उर्मिला उत्तर देती है–

"देवर, तुम निश्चिन्त रहो, मैं कब रोती हूँ;
किन्तु जानती नहीं, जागती या सोती हूँ।
"जो जो, आँसू छोड़ आज प्रत्यय पीती हूँ;
जीते हैं वे वहाँ, यहाँ जब मैं जीती हूँ।"

सीता के उस विश्वास के समान ही यह दृढ़ है, परन्तु मेरा हृदय भीत न होकर स्फ़ीत ही होता है। इसीलिए सीताराम के समीप मुझे जो भय लगता है, वह उर्मिला और लक्ष्मण के समीप नहीं।

उर्मिला के विषाद में उसका यह विश्वास डूब नहीं गया। यदि अनुकरण करनेवालों से ही अनुकरणीय की सार्थकता होती है, तो इसी आत्म-विश्वास के अनुकरण के लिए 'साकेत' में उर्मिला का एक विशेष स्थान होना चाहिए। परन्तु यदि हम उसे लेंगे, तो हमें उसका विषाद भी लेना पड़ेगा।

मैंने एक कथा में सुना है कि स्वर्ग में भी एक विषाद रहता है, स्वर्गीय प्राणी भी हम नीचे पड़े हुए को देखकर दुख से हाय-हाय करते हैं, यही तो हम लोगों के लिए सहारा है। इतने पर भी इस विषाद को यदि दुर्बलता माना जाये, तो इस युग में, स्मरण रखिए, सबसे बड़े दुर्बल आप ही निकलेंगे। और क्षमा कीजिए, आप के राम की भी कुशल नहीं। 'साकेत' के पात्रों ने मानो हठ कर लिया है कि इन्हें रुलाकर ही छोड़ेंगे। हम रोते रहें और ये हँसते रहें, यह नहीं हो सकता। अस्तु, भरत ने राम को रूला कर ही छोड़ा और धोखा देकर नहीं, डंके की चोट। इसे स्वयं राम ने स्वीकार किया है–

"रे भाई, तूने रुला दिया मुझको भी,
शंका थी मुझसे यही अपूर्व अलोभी।"

दूसरी पंक्ति से स्पष्ट है कि उन्हें पहले ही इसकी शंका थी, और वे मानो अपनी व्यथा को विनोद में छिपा कर सामना करने के लिए प्रस्तुत थे। परन्तु भरत के आगे उनकी एक न चली। और, उर्मिला और लक्ष्मण के आगे तो उन्हें माता-पिता की आज्ञा से राज्य छोड़कर बनवास स्वीकार करने के गौरव का गर्व भी छोड़ देना पड़ा–

"लक्ष्मण, तुम हो तपस्पृही, मै वन में भी रहा गृही।
बनवासी है निर्मोही, हुए वस्तुतः तुम दो ही।"

राम की इस पराजय पर मुझे प्रसन्नता है। कारण, जैसा मैं कह चुका हूँ, उनसे डरा करता था। दूसरे, मेरा यह उद्देश्य भी सिद्ध हो गया, जिससे मैंने उन्हें नायक के बदले शिक्षक के पद पर प्रतिष्ठित किया था। तीसरे, तुलसीदास की इस उक्ति की चरितार्थता मुझे देखने को मिल गयी कि 'राम से बड़ा राम का नाम।' उर्मिला का रोना स्वार्थ को लेकर नहीं चलता–

"मैं अपने लिए अधीर नहीं, स्वार्थी यह लोचन नीर नहीं।
क्या-से-क्या हाय! हो गया यह, रस में विष कौन बो गया यह?
जो यों निज़ प्राप्य छोड़ देंगे, अप्राप्य अनुग उनके लेंगे?
माँ ने न तनिक समझा-बूझा, यह उन्हें अचानक क्या सूझा?"

जब चित्रकूट में कैकेयी रोकर अपनी करनी पर पश्चाताप रूप कुछ प्रायश्चित कर चुकती हैं, तब उर्मिला मानो अपनी ओर देखने का अवकाश पाती है। वहाँ भी उसके हृदय में संवेदनना का स्रोत उमड़ रहा है–

"अपने अतुलित कुल में प्रकट हुआ था कलंक जो काला,
वह उस कुल बाला ने अश्रुसलिल से समस्त धो डाला।"

चाहिए तो यही कि लोग उस विषाद की भीषणता को देखें और अपने कुल में वैसा कलंक न लगने देने की शिक्षा ग्रहण करें। साधारणतः विरह-वर्णन में देखा जाता है कि विरहीजन सारे उद्दीपन विभावों को उपालम्भ देकर कोसा करते हैं। द्विजराज चन्द्रमा तक को कसाई कह देना तो कोई बात नहीं, और भी न जाने क्या-क्या नहीं कहा जाता। किन्तु उर्मिला इस विचार के विरुद्ध मानो विद्रोह करती है। वह सबका स्वागत करती है। इस कारण प्रकृति की शोभा में उसको अपने प्रियतम की आभा दिखाई देती है–

"प्रकृत सुकृत फैले, भा रहा जो उन्ही सा।"

और–

"हँसों हँसो हे शशि, फल फूलों, हँसो हिंडोर पर बैठ झूलों।
यथेष्ट मैं रोदन के लिए हूँ, झड़ी लगा दूँ, इतना पिये हूँ।"

कभी वह चक्रवात को सान्त्वना देती है, कभी कोयल को धैर्य धराती है, कभी लता को अवसर से लाभ उठाने के लिए प्रेरित करती है, कभी कली को शिक्षा का पाठ पढ़ाती है। मकड़ी और मक्खी भी उसकी सहानुभूति से वंचित नहीं। अपने रूदन से वह एक पत्ता भी सूखा नहीं रहने देना चाहती और उसे सरस बनाने के लिए अँचल पसार लेती है। अपनी वेदना का भी वह स्वागत करती है, और उसमें प्रियतम की स्मृति की मिठास पाती है–

"प्रियतम के गौरव ने लघुता दी है मुझे, रहे दिन भारी,
सखि, इस कटुरता में भी मधुर स्मृति की मिठास, मैं बलिहारी।"

यदि मानव-स्वभाववश कभी क्षणिक भोग की लालसा उत्पन्न होती है, तो वह दूसरे ही क्षण मनसिज को अपने आत्म-विश्वास के बल पर चुनौती देती हैं–

मुझे फूल मत मारों,
मैं अबला बाला वियोगिनी, कुछ तो दया विचारो,
होकर मधु के मीत मदन पटु तुम कटु गरल न गारो,
मुझे विकलता, तुम्हें विफलता, ठहरो, श्रम परिहारो।
नहीं भोगिनी यह मैं कोई जो तुम जाल पसारो,
बल हो तो सिन्दूर बिन्दु यह-यह हरनेत्र निहारो!
रूपदर्प कन्दर्प, तुम्हें तो मेरे पति पर वारो;
लो यह मेरी चरण-धूलि, उस रति के सिर पर धारों।''

यदि इतने पर भी वह विषादिनी निर्वासन पाएगी, तो कहाँ जाएगी? वह तो यही कहती है कि 'साकेत' में रहने का उसका जन्मसिद्ध अधिकार है और वह बना रहें-

"डूब बची लक्ष्मी पानी में, सती आग में पैठ,
जिय उर्मिला, करे प्रतीक्षा, सहे सभी घर बैठ।"

वह सहना चाहती है। दुःख की तो बात ही क्या, उसके पिता ने सुख के विषय में भी उसे यही उपदेश दिया था–'सुख को भी सहनीय जानियो।' पहले उसे एक कामना भी थी। अपने बनगामी स्वामी से वह इतना चाहती थी–

"आराध्य युग्म के सोने पर, निस्तब्ध निशा के होने पर,
तुम याद करोगे मुझे कभी, तो बस फिर मैं पा चुकी सभी।"

परन्तु अपने स्वामी को स्मृतिजन्य वेदना से बचाने के लिए वह उस चाह को भी छोड़ देती है, और कहती है–'मुझे भूलकर ही त्रिभुवन में बिचरें मेरे नाथ।'– 'परन्तु मुझे न भूले उनका ध्यान।' 'साकेत' के एक कोने में बैठकर इतनी-सी प्रार्थना करने का स्थान भी क्या उसे दुर्लभ होगा? वह रोती है, परन्तु आपकी किसी मर्यादा का भंग तो नहीं करती। जिस प्रियतम के लिए वह रोती है, उसके लिए स्वयं उसी को जाने देती है। सीता से जैसी शिक्षा उसने पाई है, वैसी ही गुरुदक्षिणा भी उन्हें चुकाई है। मेरी तो यह भावना है कि यदि स्वर्ग में भगवान की करुणा के लिए स्थान है, तो 'साकेत' में उर्मिला के विषाद के लिए वह भी निश्चित है।

प्रभु को वन में छोड़कर उसके स्वामी स्वप्न में भी यदि उसके पास आ जाते हैं, तो भी वह 'जाओ' कहकर उन्हें वहीं लौटा देती है। राधा की प्रेम-पीड़ा और सीता की मर्यादा का भार वह वहन करती है। फिर भी कभी-कभी रोकर वह अपना जी हल्का न करे तो क्या करे, उसे जीना जो है। और, रोना तो उसे इतना रुचिकर हो गया है कि अन्त में भी वह यही कहती है–

"विरह रुदन में गया, मिलन में भी मैं रोऊँ;
मुझे और कुछ नहीं चाहिए, पद-रज धोऊँ।"

मैंने तो रज धोनेवाली समझकर ही कुछ बूँदे उसके रुदन से संग्रह की है। मैं तो उसे यही कहते सुना हूँ कि राम के साथ वन न जाकर यदि–

"रहते घर नाथ तो निरा, कहती स्त्रैण उन्हें यही गिरा।"

एवं सैनिकों को सम्बोधन करते हुए शत्रुघ्न के समीप उसे इस प्रकार पहुँचते देखता हूँ–

"प्रकट हुई ज्यों कार्तिकेय के निकट भवानी।"

वह सैनिकों को लंका के सोने की लूट से रोकने के लिए ही वहाँ पहुँचती है–

"सावधान! वह अधम धान्य-सा धन मत छूना,
तुम्हें तुम्हारी मातृभूमि ही देगी दूना।"

घायलों की सेवा के लिए वह लंका के युद्ध में भी जाना चाहती है; परन्तु रोए बिना मानो वह रह नहीं सकती। इसलिए वहाँ भी वह अपने रोने की सुविधा कर लेती है और वह भी गाने के बीच में–

"गा अपनों की विजय, परो पर रोऊँगी।"

बापू, मैंने आनन्द से अधिक मानकर ही वह विषाद लिया है। आप चाहें तो इसे मानव-स्वभाव की एक विलक्षणता समझ कर ही 'साकेत' में इसके लिए स्थान

रहने दें। यदि यह उर्मिला के कर्तव्य में बाधा न होकर साधक ही सिद्ध हो, तो उसे इस पर अभिमान कर लेने दीजिए। अपने प्रियतम की हास्य की अपेक्षा भी वह उसे अधिक मानती है–

"सखे, जाओ तुम हँसकर भूल, रहूँ मैं सुध करके रोती।
तुम्हारे हँसने में हैं फूल, हमारे रोने में मोती।"

रोना उसने स्वयं स्वीकार किया है। उसे कुछ देर के लिए तबवह छोड़ती है, जब साधारणत: रोना चाहिए। जिस दिन लंका में उसके स्वामी को शक्ति लगती है, उस दिन वह रोना छोड़ देती है। उसके विषय में भरत से माण्डवी कहती है–

"किन्तु बहन के बहने वाले आँसू भी सूखे हैं आज,
वरुनी के वरुणालय भी वे अलकों-से रूखे हैं आज।"

फिर भी उसके विषाद अथवा रुदन से किसी की वीरता की हानि हो, तो क्या इसका दायित्व उसी पर है? रही भक्ति की बात, सो इसका भार भक्तों पर है। वह तो केवल अपनी भक्ति के विषय में कह सकती है और उसे तो अपने रूप और गुण की अपेक्षा भी अपनी भक्ति का ही अधिक विश्वास है। एक आत्मा अपने परमात्मा में लीन होना चाहती है और कहती है–

"दयति देखते देव भक्ति को, निरखते नहीं नाथ, व्यक्ति को।"

हाँ, उसकी बहिन माण्डवी, जो उसकी और अपने स्वामी की तपस्या नित्य देख रही है, अवश्य कहती है–

"दैव-अभागा दैव, हमारा कर क्या लेगा,
श्रद्धांजलि चिरकाल भुवन भर भर-भर देगा।"

और कुछ न सही, उर्मिला आपके वात्सल्य की अधिकारिणी तो अवश्य है। जनक के समान निष्ठा रखने वालों के प्रति उसका ऐसा अधिकार, उसके और स्वयं उनके, दोनों ही के लिए अनुचित नहीं। हमारे सम्प्रदाय में ऐसे भावुक भी सुने गये हैं, जो बेटी के यहाँ भोजन करने की भावना से अयोध्या में पानी भी नहीं पीते थे।

मानस जैसे अनुपम धर्मग्रन्थवाली वस्तु आपने 'साकेत' में देखनी चाही थी, इसलिए कुछ भंग होना ठीक ही है। परन्तु यह भी उतना ही ठीक है कि मैंने बापू की रस-विनोदमयी मार्मिक मनोवृत्ति देखी है, और मैंने टाल्स्टाय को रोमियो-जूलियट की भेंट नहीं भेजी।

‘साकेत’ में मैंने, कालिदास की प्रेरणा से, उस प्रेम की एक झलक देखने की चेष्टा की है, जो भोग से आरम्भ होकर, वियोग झेलता हुआ, योग में परिणित हो जाता है। प्रथम सर्ग में उर्मिला और लक्ष्मण का प्रेम भोगजन्य कि वह कामजन्य है। उसी को योगजन्य अथवा राजजन्य देखने के उद्योग में ‘साकेत’ की सार्थकता है। लक्ष्मण ने अपने प्रेम को तप की अग्नि में तपाकर शुद्ध किया है, जैसा चित्रकूट में वे उर्मिला से कहते हैं–

“वन में तनिक तपस्या करके, बनने दो मुझको निज योग्य,
भाभी की भगिनी तुम मेरे, अर्थ नहीं केवल उपभोग्य।''

अन्त में उर्मिला से कह सके हैं–

आँखों में ही रही अभी तक तुम थीं मानों,
अन्तस्तल में आज अचल निज आसन जानों,
जो लक्ष्मण था एक तुम्हारा लोलुप कामी,
कह सकती हो आज उसे तुम अपना स्वामी।”

इसी प्रकार उर्मिला ने अपने प्रेम को वियोग के पानी से धो-धोकर उसका मैल छुड़ाया है और अन्त में वह बिना साज-शृंगार किये अपने स्वामी के सामने आ गयी है। वह सखी के शृंगारानुरोध का प्रत्याख्यान करके कहती है-

“नहीं-नही, प्राणेश मुझी से छले न जावे,
जैसी हूँ मैं, नाथ मुझे वैसा ही पावें।
शूर्पणखा मैं नहीं, हाय! तू तो रोती है,
अरी, हृदय की प्रीति हृदय पर ही होती हैं।”

इतने पर भी आपको उर्मिला का रुदन असहनीय हो तो उसे मैं आपके पास भेजे देता हूँ। गुरुजनों के सामने वह किसी प्रकार अपने रुदन को रोक लेगी, परन्तु उसे भय है कि उसकी दशा पर विचार करके आप स्वयं ही व्यथित न हो उठें, क्योंकि प्रसंग-विशेष में आप चाहे वज्रादपि कठोर बन जायें, परन्तु स्वभाव से कुसुमादपि मृदु ही हैं। कालिदास ने कहा है–

“उष्णत्वमग्न्या तपसम्प्रयोगाच्छैत्यं हि यत्सा प्रकृतिर्जलस्य।”

इसी भय से उर्मिला अपनों से बचती रहती है–

रोती हैं और दूनी, निरख कर मुझे, दीन-सी तीन सासें,
होते हैं देवर श्री नत हत बहनें, छोड़ती हैं उसासें।

आली, तू ही बता दे, इस विजन बिना, मैं कहाँ आज जाऊँ,
दीन हीना अधीना, ठहर कर जहाँ, शान्ति दूँ और पाऊँ।''

यदि आप उसे किसी काम में लगा दें, तो कदाचित् वह कुछ भूली रहे। वह भी यह चाहती है–

"मैं निज ललित कलाएँ भूल न जाऊँ वियोग-वेदन में,
सखि, पुरबाला-शाला खुलवा दे क्यों न उपवन में।"

वह तो आपके लिए बकरी का दूध भी लाना चाहती है, परन्तु डरती है कि उसमें कभी पानी मिला देखकर आप यह न कह दें कि छोड़ा मैंने बकरी का दूध भी। पानी, हाँ, आँखों का पानी। बहुत रोकने पर भी एक-आध बार वह टपक पड़ता तो बापू दूध से भी गये, फिर चाहे उनके हाथ-पैरों में श्रान्ति का संचार ही क्यों न होने लगें। वह कहती है–

"बनाती रसोई, सभी को खिलाती, इसी काम में आज मैं तृप्ति पाती।
रहा किन्तु मेरे लिए एक रोना, खिलाऊँ किसे मैं अलोना सलोना।"

यह न समझिए कि वह कातना-बुनना नहीं जानती, उसकी बड़ी बहन चित्रकूट में कोल-किरात-भिल्ल-बालाओं से कहती है–

"तुम अर्द्ध नग्न क्यों रहो अशेष समय में,
आओ, हम कातें-बुनें गान की लय में।"

परन्तु इस परिस्थिति में कदाचित् उसे हटा देना आप उचित न समझें, क्योंकि किसी दिन अन्यमनस्क होकर उसने अपने हाथ में उसका तकुवा लगा लिया तो और भी विपत्ति है। ड्रेसिंग के लिए डॉक्टरों को न जाने कितनी फीस देनी पड़ेगी। आप जैसे कौड़ी-कौड़ी का लेखा लगाने वाले 'लोभी' के लिए यह सुविधाजनक न होगा। तकुवे के बदले यदि आप उसे तूली दें, तो उसका उपयोग वह अवश्य करेगी। उसने कई चित्र बनाये भी हैं, एक नाम है, 'दग्धवर्तिका' पसन्द है?

प्रसंगानुसार यह भी कह देना चाहता हूँ कि एक बार मैंने उसे आप की बात का विरोध करते भी देखा है। जिन दिनों आप चिरगाँव आ रहे थे, उन्हीं दिनों किसी सभा में बहुत से फूल लाये गये देखकर, उनके तोड़े जाने पर आपकी विरक्ति की बात सुनी गयी थी। किन्तु उर्मिला कह रही थी–

"छोड़ छोड़, फूल मत तोड़ आली, देख मेरा
हाथ लगते ही यह कैसे कुम्हलाये हैं,

कितना विनाश निज क्षणिक विनोद में है,
दुःखिनी लता के लाल आँसुओं से छाये हैं।
किन्तु नहीं, चुन ले सहर्ष खिले फूल सब,
रूप गुण गन्ध से जो तेरे मन भाये हैं,
जाये नहीं लाल लतिका ने झड़ने के लिए,
गौरव के संग चढ़ने के लिए जाये हैं।"

परन्तु मैं समझता हूँ, इस अपराध के लिए 'साकेत' में आप उस विषादिनी को स्थान देने में कृपणता न करेंगे, सम्भवतः उसकी ठोडी पकड़ कर 'पगली!' कहते हुए हँस जायेंगे। सचमुच यदि आप से पगली कह दें, तो फिर क्या पूछना? यही तो वह चाहती है–

"स्वजनि, पागल भी यदि हो सकूँ, कुशल तो अपनापन खो सकूँ।"

यह अपनापन-यह अहंभाव ही तो वह छोड़ना चाहती है, प्रियमयी होकर। परन्तु सखी उसे अपने आपे में ले जाती है और तब वह कहती है–

"उन्मादिनी कभी थी, विवेकिनी उर्मिला हुई सखि, अब है,
अज्ञान भला, जिसमें सोहं तो क्या, स्वयं अहं भी कब है।"

इस अज्ञान की प्राप्ति के लिए आप उसे आशीर्वाद देंगे या नहीं, यह आप ही जानें। उसके विषाद के विषय में लक्ष्मण का कहना है–

"पाप रहित सन्ताप जहाँ, आत्म-शुद्धि हो आप वहाँ।"

मनो इसी भाव से अनुप्राणित होकर उर्मिला कहती है–

"सुख शान्ति नहीं, न हो मुझे, तुम सन्तोष, बने रहो मुझे।"

मैं नहीं कह सकता, आपकी संस्कृति की रक्षा करने में वह कहाँ तक समर्थ हुई है; परन्तु उसने प्रयत्न अवश्य किया है, यह कहने में मुझे कोई बाधा नहीं जान पड़ती।

‘साकेत’ : नवम सर्ग

•

मैथिलीशरण गुप्ता

(1)

दो वंशों में प्रकट करके पावनी लोक-लीला,
सौ पुत्रों से अधिक जिनकी पुत्रियाँ पूतशीला,
त्यागी भी हैं शरण जिनके, जो अनासक्त गेही,
राजा-योगी जय जनक वे पुण्यदेही, विदेही।

विफल जीवन व्यर्थ बहा बहा,
सरस दो पद भी न हुए हहा।
कठिन है कविते, तब भूमि ही।
पर यहाँ श्रम भी सुख-सा रहा।

करुणे, क्यों रोती है? ‘उत्तर’ में और अधिक तू रोई–
‘मेरी विभूति है जो, उसको ‘भव-भूति’ क्यों कहे कोई?’

अवध को अपनाकर त्याग से,
वन तपोवन-सा प्रभु ने किया।
भरत ने उनके अनुराग से,
भवन में वन का व्रत ले लिया!

स्वामि-सहित सीता ने
नन्दन माना सघन-गहन कानन भी,

ऊर्मिला बधू ने वन
किया उन्हीं के हितार्थ निज उपवन भी!
अपने अतुलित कुल में
प्रकट हुआ था कलंक जो काला,
वह उस कुल-बाला ने
अश्रु-सलिल से समस्त धो डाला।
भूल अवधि-सुध प्रिय से
कहती जगती हुई कभी–'आओ!'
किन्तु कभी सोती तो
उठती वह चौंक बोलकर–'जाओ!'

मानस-मन्दिर में सती, पति की प्रतिमा थाप,
जलती-सी उस विरह में, बनी आरती आप!

आँखों में प्रिय-मूर्ति थी, भूले थे सब भोग,
हुआ योग से भी अधिक उसका विषम-वियोग!

आठ पहर चौंसठ घड़ी स्वामी का ही ध्यान,
छूट गया पीछे स्वयं उससे आत्मज्ञान!

उस रुदन्ती विरहिणी के रुदन-रस के लेप से,
और पाकर ताप उसके प्रिय-विरह-विक्षेप से,
वर्ण-वर्ण सदैव जिनके हों विभूषण कर्ण के,
क्यों न बनते कविजनों के ताम्रपत्र सुवर्ण के?

पहले आँखों में थे, मानस में कूद मग्न प्रिय अब थे,
छींटे वही उड़े थे, बड़े बड़े अश्रु वे कब थे?

उसे बहुत थी विरह के एक दण्ड की चोट,
धन्य सखी देती रही निज यत्नों की ओट।

मिलाप था दूर अभी धनी का,
विलाप ही था बस का बनी का।
अपूर्व आलाप वही हमारा,
यथा विपंची-दिर दार दारा!

सींचें ही बस मालिनें, कलश लें, कोई न ले कर्त्तरी,
शाखी फूल फलें यथेच्छ बढ़के, फैलें लताएँ हरी।
क्रीड़ा-कानन-शैल यन्त्र-जल से संसिक्त होता रहे,
मेरे जीवन का, चलो सखि, वहीं सोता भिगोता बहे?

क्या क्या होगा साथ, मैं क्या बताऊँ?
है ही क्या, हा! आज जो मैं जताऊँ?
तो भी तूली, पुस्तिका और वीणा,
चौथी मैं हूँ, पाँचवीं तू प्रवीणा!

हुआ एक दुःस्वप्न-सा सखि, कैसा उत्पात,
जगने पर भी वह बना वैसा ही दिन रात!

खान-पान तो ठीक है पर तदनन्तर हाय!
आवश्यक विश्राम जो उसका कौन उपाय?

अरी, व्यर्थ है व्यंजनों की बड़ाई,
हटा थाल, तू क्यों इसे आप लाई?
वही पाक है, जो बिना भूख भावे,
बता किन्तु तू ही, उसे कौन खावे?
बनाती रसोई, सभी को खिलाती,
इसी काम में आज मैं तृप्ति पाती।
रहा किन्तु मेरे लिए एक रोना,
खिलाऊँ किसे मैं अलोंना-सलोंना?

वन की भेटें मिली हैं,
एक नयी वह जड़ी मुझे जीजी से,
खाने पर सखि, जिसके
गुड़ गोबर-सा लगे स्वयं ही जी से!

रस हैं बहुत, परन्तु सखि, विष है विषम प्रयोग,
बिना प्रयोक्ता के हुए, यहाँ भोग भी रोग!

लाई है क्षीर क्यों तू? हठ मत कर यों,
मैं पियूँगी न आली,
मैं हूँ क्या हाय! कोई शिशु सफलहठी,
रंक भी राज्यशाली?
माना तूने मुझे मुझे है तरुण विरहिणी,
वीर के साथ ब्याहा,
आँखों का नीर ही क्या कम फिर मुझको?
चाहिए और क्या हा!

चाहे फटा फटा हो, मेरा अम्बर अशून्य है आली,
आकर किसी अनिल ने भला यहाँ धूलि तो डाली!

धूलि-धूसर हैं तो क्या, यों तो मृन्मात्र गात्र भी;
वस्त्र ये वल्कलों से तो हैं सुरम्य, सुपात्र भी!

फटते हैं, मैले होते हैं, सभी वस्त्र व्यवहार से;
किन्तु पहनते हैं क्या उनको हम सब इसी विचार से?

पिऊँ ला, खाऊँ ला, सखि, पहनूँ ला, सब करूँ;
जिऊँ मैं जैसे हो, यह अवधि का अर्णव तरूँ।
कहे जो, मानूँ सो, किस विध बता, धीरज धरूँ;
अरी, कैसे भी तो पकड़ प्रिय के वे पद मरूँ।

रोती हैं और दूनी निरखकर मुझे
दीन-सी तीन सासें,
होते हैं देवरश्री नत, हत बहनें
छोड़ती हैं उसाँसें।
आली, तू ही बता दे, इस विजन बिना
मैं कहाँ आज जाऊँ?
दीना, हीना, अधीना ठहरकर जहाँ
शान्ति दूँ और पाऊँ?

आयी थी सखि, मैं यहाँ लेकर हर्षोल्लास,
जाऊँगी कैसे भला देकर यह निःश्वास?

कहाँ जायँगे प्राण ये लेकर इतना ताप?
प्रिय के फिरने पर इन्हें फिरना होगा आप।

साल रही सखि, माँ की
झाँकी वह चित्रकूट की मुझको,
बोलीं जब वे मुझसे–
'मिला न वन ही न भवन ही तुझको।'

जात तथा जामाता समान ही मान तात थे आये,
पर निज राज्य न मँझली माता को वे प्रदान कर पाये?

मिली मैं स्वामी से, पर कह सकी क्या सँभल के?
बहे आँसू होके सखि, सब उपालम्भ गल के।
उन्हें हो आयी जो निरख मुझको नीरव दया,
उसी की पीड़ा का अनुभव मुझे हा! रह गया!

न कुछ कह सकी अपनी,
न उन्हीं की पूछ मैं सकी भय से,
अपने को भूले वे,
मेरी ही कह उठे सखेद हृदय से।

मिथिला मेरा मूल है और अयोध्या फूल,
चित्रकूट को क्या कहूँ, रह जाती हूँ भूल!

सिद्ध-शिलाओं के आधार,
ओ गौरव-गिरि, उच्च उदार!

तुझपर ऊँचे ऊँचे झाड़,
तने पत्र मय छत्र पहाड़!
क्या अपूर्व है तेरी आड़,
करते हैं बहु जीव विहार!
ओ गौरव-गिरि, उच्च उदार!

घिरकर तेरे चारों ओर,
करते हैं घन क्या ही घोर।
नाच नाच गाते हैं मोर,
उठती है गहरी गुंजार,
ओ गौरव-गिरि, उच्च उदार!

नहलाती है नभ की वृष्टि,
अंग पोंछती आतप-सृष्टि,
करता है शशि शीतल दृष्टि,
देता है ऋतुपति शृंगार,
ओ गौरव-गिरि, उच्च-उदार!

तू निर्झर का डाल दुकूल,
लेकर कन्द-मूल-फल-फूल,
स्वागतार्थ सबके अनुकूल,
खड़ा खोल दरियों के द्वार,
ओ गौरव-गिरि, उच्च उदार!

सुदृढ़, धातुमय, उपलशरीर,
अन्तःस्तल में निर्मल नीर,
अटल-अचल तू धीर-गभीर,
समशीतोष्ण, शान्तिसुखसार,
ओ गौरव-गिरि, उच्च-उदार!

विविध राग-रंजित, अभिराम,
तू विराग-साधन, वन-धाम,
कामद होकर आप अकाम,
नमस्कार तुमको शत बार,
ओ गौरव-गिरि, उच्च उदार!

प्रोषितपतिकाएँ हों
जितनी भी सखि, उन्हें निमन्त्रण दे आ,
समदु:खिनी मिलें तो
दु:ख बँटें, जा, प्रणयपुरस्सर ले आ।

सुख दे सकते हैं तो दु:खी जन ही मुझे, उन्हें यदि भेटूँ,
कोई नहीं यहाँ क्या जिसका कोई अभाव मैं भी मेटूँ?

इतनी बड़ी पुरी में, क्या ऐसी दु:खिनी नहीं कोई?
जिसकी सखी बनूँ मैं, जो मुझ-सी हो हँसी-रोई?

मैं निज ललितकलाएँ भूल न जाऊँ वियोग-वेदन में,
सखि, पुरबाला-शाला खुलवा दे क्यों न उपवन में?

कौन-सा दिखाऊँ दृश्य वन का बता मैं आज?
हो रही है आलि, मुझे चित्र-रचना की चाह,–
नाला पड़ा पथ में, किनारे जेठ-जीजी खड़े,
अम्बु अवगाह आर्यपुत्र ले रहे हैं थाह?
किंवा वे खड़ी हों घूम प्रभु के सहारे आह,
तलवे से कण्टक निकालते हों ये कराह?
अथवा झुकाये खड़े हों ये लता और जीजी
फूल ले रही हों, प्रभु दे रहे हों वाह वाह!

प्रिय ने सहज गुणों से, दीक्षा दी थी मुझे प्रणय, जो तेरी,
आज प्रतीक्षा-द्वारा, लेते हैं वे यहाँ परीक्षा मेरी।

जीवन के पहले प्रभात में आँख खुली जब मेरी,
हरी भूमि के पात पात में मैंने हृद्गति हेरी।
खींच रही थी दृष्टि सृष्टि यह स्वर्णरश्मियाँ लेकर,
पाल रही ब्रह्माण्ड प्रकृति थी, सदय हृदय में सेकर।
तृण तृण को नभ सींच रहा था बूँद बूँद रस देकर,
बढ़ा रहा था सुख की नौका समय समीरण खेकर।
बजा रहे थे द्विज दल-बल से शुभ भावों की भेरी,
जीवन के पहले प्रभात में आँख खुली जब मेरी।
वह जीवनमध्याह्न सखी, अब श्रान्ति-क्लान्ति जो लाया,
खेद और प्रस्वेद-पूर्ण यह तीव्र ताप है छाया।
पाया था सो खोया हमने, क्या खोकर क्या पाया?
रहे न हममें राम हमारे, मिली न हमको माया!
यह विषाद! वह हर्ष कहाँ अब देता था जो फेरी,
जीवन के पहले प्रभात में आँख खुली जब मेरी।
वह कोइल, जो कूक रही थी, आज हूक भरती है,
पूर्व और पश्चिम की लाली रोष-वृष्टि करती है।
लेता है निःश्वास समीरण, सुरभि धूलि चरती है,
उबल सूखती है जलधारा, यह धरती मरती है।
पत्र-पुष्प सब बिखर रहे हैं, कुशल न मेरी-तेरी,
जीवन के पहले प्रभात में आँख खुली जब मेरी।
आगे जीवन की सन्ध्या है, देखें क्या हो आली,
तू कहती है–'चन्द्रोदय ही, काली में उजियाली'?
सिर-आँखों पर क्यों न कुमुदिनी लेगी वह पद-लाली?
किन्तु करेंगे कोक-शोक की तारे जो रखवाली?
'फिर प्रभात होगा' क्या सचमुच? तो कृतार्थ यह चेरी,
जीवन के पहले प्रभात में आँख खुली जब मेरी।

सखि, विहग उड़ा दे, हों सभी मुक्तिमानी,
सुन शठ शुक-वाणी–'हाय! रूठो न रानी!'
खग, जनकपुरी की ब्याह दूँ सारिका मैं?
तदपि यह नहीं की त्यक्त हूँ दारिका मैं!

कह विहग, कहाँ हैं आज आचार्य तेरे?
विकच वदन वाले वे कृती कान्त मेरे?
सचमुच 'मृगया में'? तो अहेरी नये वे,
यह हत हरिणी क्यों छोड़ यों ही गये वे?

निहार सखि, सारिका कुछ कहे बिना शान्त-सी,
दिये श्रवण है यहीं, इधर मैं हुई भ्रान्त-सी।
इसे पिशुन जान तू, सुन सुभाषिणी है बनी–
'धरो!' खगि, किसे धरूँ? धृति लिये गये हैं धनी।
तुझपर-मुझपर हाथ फेरते साथ यहाँ,
शशक, विदित है तुझे आज वे नाथ कहाँ?
तेरी ही प्रिय जन्मभूमि में, दूर नहीं,
जा तू भी कहना कि उर्मिला क्रूर वहीं!

लेते गये क्यों न तुम्हीं कपोत, वे,
गाते सदा जो गुण थे तुम्हारे?
लाते तुम्हीं हा! प्रिय-पत्र-पोत वे,
दुःखाब्धि में जो बनते सहारे।

औरों की क्या कहिए,
निज रुचि ही एकता नहीं रखती;
चन्द्रामृत पीकर तू
चकोरि, अंगार है चखती।

विहग उड़ना भी ये हो बद्ध भूल गये, अये,
यदि अब इन्हें छोड़ें तो और निर्दयता दये!
परिजन इन्हें भूले, ये भी उन्हें, सब हैं बहे;
बस अब हमीं साथी-संगी, सभी इनके रहे।

मेरे उर-अंगार के बने बाल-गोपाल,
अपनी मुनियों से मिले पले रहो तुम लाल!

वेदने, तू भी भली बनी!
पायी मैंने आज तुझी में अपनी चाह घनी।
नयी किरण छोड़ी है तूने, तू वह हीर-कनी,
सजग रहूँ मैं, साल हृदय में, ओ प्रिय-विशिख-अनी!
ठण्डी होगी देह न मेरी, रहे दृगम्बु-सनी,
तू ही उसे उष्ण रक्खेगी मेरी तपन-मनी।
आ, अभाव की एक आत्मजे, और अदृष्टि-जनी!
तेरी ही छाती है सचमुच उपमोचितस्तनी!
अरी वियोग-समाधि, अनोखी, तू क्या ठीक ठनी,
अपने को, प्रिय को, जगती को देखूँ खिंची-तनी।
मन-सा मानिक मुझे मिला है मुझमें उपल-खनी,
तुझे तभी छोड़ें जब सजनी, पाऊँ प्राण-धनी।

विरह संग अभिसार भी,
भार जहाँ आभार भी।
मैं पिंजड़े में पड़ी हुई हूँ किन्तु खुला है द्वार भी,
काल कठिन क्यों न हो किन्तु है मेरे लिए उदार भी!
जहाँ विरह ने गार दिया है किया वहाँ उपकार भी,
सुध बुध हर ली, किन्तु दिया है कालज्ञान विचार भी।
जना दिया है उसने मुझको जन जीवन है भार भी,
और मरण? वह बन जाता है कभी हिये का हार भी।
जाना मैंने इस उर में थी ज्वाला भी, जलधार भी,
प्रिय ही नहीं यहाँ मैं भी थी, और एक संसार भी!
लिखकर लोहित लेख, डूब गया है दिन अहा!
व्योम-सिन्धु सखि, देख, तारक-बुद्बुद दे रहा!

दीपक-संग शलभ भी
जला न सखि, जीत सत्व से तम को,
क्या देखना-दिखाना
क्या करना है प्रकाश का हमको?

दोनों ओर प्रेम पलता है!
सखि, पतंग भी जलता है हा! दीपक भी जलता है!
सीस हिलाकर दीपक कहता–
'बन्धु, वृथा ही तू क्यों दहता?'
पर पतंग पड़कर ही रहता!
कितनी विह्वलता है!
दोनों ओर प्रेम पलता है।

बचकर हाय! पतंग मरे क्या?
प्रणय छोड़कर प्राण धरे क्या?
जले नहीं तो मरा करे क्या?
क्या यह असफलता है?
दोनों ओर प्रेम पलता है।

कहता है पतंग मन मारे–
'तुम महान, मैं लघु, पर प्यारे,
क्या न मरण भी हाथ हमारे?'
शरण किसे छलता है?
दोनों ओर प्रेम पलता है।

दीपक के जलने में आली,
फिर भी है जीवन की लाली।
किन्तु पतंग-भाग्य-लिपि काली,
किसका वश चलता है?
दोनों ओर प्रेम पलता है।

जगती वणिग्वृत्ति है रखती।
उसे चाहती जिससे चखती,
काम नहीं, परिणाम निरखती।
मुझे यही खलता है।
दोनों ओर प्रेम पलता

बता अरी, अब क्या करूँ, रूपी रात से रार,
भय खाऊँ, आँसू पियूँ, मन मारूँ झख मार!

क्या क्षण क्षण में चौंक रही मैं?
सुनती तुझसे आज यही मैं।
तो सखि, क्या जीवन न जनाऊँ?
इस क्षणदा को विफल बनाऊँ?

अरी, सुरभि जा, लौट जा, अपने अंग सहेज,
तू है फूलों में पली, यह काँटों की सेज!

यथार्थ था सो सपना हुआ है,
अलीक था जो अपना हुआ है
रही यहाँ केवल है कहानी,
सुना वही एक नयी-पुरानी।

आओ हो, आओ, तुम्हीं प्रिय के स्वप्न विराट।
अर्घ्य लिये आँखें खड़ी हेर रही हैं बाट।

आ जा, मेरी निंदिया गूँगी।
आ, मैं सिर आँखों पर लेकर चन्दखिलौना दूँगी!

प्रिय के आने पर आवेगी,
अर्द्धचन्द्र ही तो पावेगी।
पर यदि आज उन्हें लावेगी,

तो तुझसे ही लूँगी।
आ जा, मेरी निंदिया गूँगी!

पलक-पाँवड़ों पर पद रख तू,
तनिक सलोंना रस भी चख तू,
आ, दुखिया की ओर निरख तू,

मैं न्यौछावर हूँगी।
आ जा, मेरी निंदिया गूँगी।

हाय! हृदय को थाम,
पड़ भी मैं सकती कहाँ,
दु:स्वप्नों का नाम,
लेती है तू सखि, वहाँ।

स्नेह जलाता है यह बत्ती!
फिर भी वह प्रतिभा है इसमें, दीखे जिसमें राई-रत्ती।

रखती है इस अन्धकार में सखि, तू अपनी साख,
मिल जाती है रवि-चरणों में कर अपने को राख।
खिल जाती है पत्ती पत्ती,
स्नेह जलाता है यह बत्ती!

होने दे निज शिखा न चंचल, ले अंचल की ओट,
ईंट ईंट लेकर चुनते हैं हम कोसों का कोट।
ठण्डी न पड़, बनी रह तत्ती,
स्नेह जलाता है यह बत्ती!

हाय! न आया स्वप्न भी, और गयी यह रात,
सखि, उडुगण भी उड़ चले, अब क्या गिनूँ प्रभात?

चंचल भी किरणों का
चरित्र क्या ही पवित्र है भोला,
देकर साख उन्होंने
उठा लिया लाल लाल वह गोला।

सखि, नीलनभस्सर में उतरा,
यह हंस अहा! तरता तरता,
अब तारक-मौक्तिक शेष नहीं,
निकला जिनको चरता चरता।
अपने हिम-बिन्दु बचे तब भी,

चलता उनको धरता धरता,
गढ़ जायँ न कण्टक भूतल के,
कर डाल रहा डरता डरता!

भीगी या रज में सनी अलिनी की यह पाँख?
आलि, खुली किंवा लगी नलिनी की वह आँख?
बो बोकर कुछ काटते, सो सोकर कुछ काल,
रो रोकर ही हम मरे, खो खोकर स्वर-ताल!

ओहो! मरा वह वराक वसन्त कैसा?
ऊँचा गला रुँध गया अब अन्त जैसा।
देखो, बढ़ा ज्वर, जरा-जड़ता जगी है,
लो, ऊर्ध्व साँस उसकी चलने लगी है!

तपोयोगि, आओ तुम्हीं, सब खेतों के सार,
कूड़ा-कर्कट हो जहाँ, करो जलाकर छार।
आया अपने द्वार तप, तू दे रही किवाड़,
सखि, क्या मैं बैठूँ विमुख ले उशीर को आड़?

ठेल मुझे न अकेली अन्ध-अवनि-गर्भ-गेह में आली?
आज कहाँ है उसमें हिमांशु-मुख की अपूर्व उजियाली?

आकाश-जाल सब ओर तना,
रवि तन्तुवाय है आज बना;
करता है पद-प्रहार वही,
मक्खी-सी भिन्ना रही मही!
लपट से झट रूख जले, जले,
नद-नदी घट सूख चले, चले।
विकल वे मृग-मीन मरे, मरे,
विफल ये दृग दीन भरे, भरे!

या तो पेड़ उखाड़ेगा, या पत्ता न हिलायगा,
बिना धूल उड़ाये हा! ऊष्मानिल न जायगा!

गृहवापी कहती है–
    'भरी रही, रिक्त क्यों न अब हूँगी?
पंकज तुम्हें दिये हैं,
    और किसे पंक आज मैं दूँगी?'

दिन जो मुझको देंगे, आलि, उसे मैं अवश्य ही लूँगी,
सुख भोगे हैं मैंने, दुःख भला क्यों न भोगूँगी?

आलि, इस वापी में हंस बने बार बार हम बिहरे,
सुधकर उन छींटों की मेरे ये अंग आज भी सिहरे।

चन्द्रकान्तमणियाँ हटा, पत्थर मुझे न मार।
चन्द्रकान्त आवें प्रथम जो सबके श्रृंगार।

हृदयस्थित स्वामी की
    स्वजनि, उचित क्यों नहीं अर्चा,
मन सब उन्हें चढ़ावे,
    चन्दन का एक क्या चर्चा?

बँधकर घुलना अथवा,
    जल पल भर दीप-दान कर खुलना,
तुझको सभी सहज है,
    मुझको कर्पूरवर्त्ति, बस घुलना।

करो किसी की दृष्टि को शीतल सदय कपूर।
इन आँखों में आप ही नीर भरा भरपूर।

मन को यों मत जीतो!
बैठी है यह यहाँ मानिनी, सुध लो इसकी भी तो!

इतना तप न तपो तुम प्यारे,
जले आग-सी जिसके मारे।
देखो, ग्रीष्म भीष्म तनु धारे,
जन को भी मनचीतो।
मन को यों मत जीतो!

प्यासे हैं प्रियतम, सब प्राणी,
उन पर दया करो हे दानी,
इन प्यासी आँखों में पानी,
मानस, कभी न रीतो।
मन को यों मत जीतो!

धरकर धरा धूप ने धाँधी,
धूल उड़ाती है यह आँधी,
प्रलय, आज किस पर कटि बाँधी?
जड़ न बनो, दिन, बीतो,
मन को यों मत जीतो!

मेरी चिन्ता छोड़ो,
मग्न रहो नाथ, आत्मचिन्तन में;
बैठी हूँ मैं फिर भी,
अपने इस नृप-निकेतन में।

नयन-नीर पर ही सखी, तू करती थी खेद,
टपक उठा है देख अब, रोम रोम से स्वेद।
ठहर अरी, इस हृदय में लगी विरह की आग,
तालवृन्त से और भी धधक उठेगी जाग!

प्रियतम के गौरव ने
लघुता दी है मुझे, रहें दिन भारी।
सखि, इस कटुता में भी
मधुरस्मृति की मिठास, मैं बलिहारी!

तप, तुझसे परिपक्वता पाकर भले प्रकार,
बनें हमारे फल सकल, प्रिय के ही उपहार।
पड़ी है लम्बी-सी अवधि पथ में, व्यग्र मन है,
गला रूखा मेरा, निकट तुझसे आज घन है।
मुझे भी दे दे तू स्वर तनिक सारंग, अपना,
करूँ तो मैं भी हा! स्वरित प्रिय का नाम जपना।

कहती मैं, चातकि, फिर बोल,
ये खारी आँसू की बूँदें दे सकतीं यदि मोल!
कर सकते हैं क्या मोती भी उन बोलों की तोल?
फिर भी फिर भी इस झाड़ी के झुरमुट में रस घोल।
श्रुति-पुट लेकर पूर्वस्मृतियाँ खड़ी यहाँ पट खोल,
देख, आप ही अरुण हुए हैं उनके पाण्डु कपोल।
जाग उठे हैं मेरे सौ सौ स्वप्न स्वयं हिल-डोल,
और सन्न हो रहे, सो रहे, ये भूगोल-खगोल।
न कर वेदना-सुख से वंचित, बढ़ा हृदय-हिन्दोल,
जो तेरे सुर में सो मेरे उर में कल-कल्लोल!

चातकि, मुझको आज ही हुआ भाव का भान।
हा! वह तेरा रुदन था, मैं समझी थी गान!

घूम उठे हैं शून्य में उमड़-घुमड़ घन घोर,
ये किसके उच्छ्वास से छाये हैं सब ओर?

मेरी ही पृथिवी का पानी,
ले लेकर यह अन्तरिक्ष सखि, आज बना है दानी!

मेरी ही धरती का धूम,
बना आज आली, घन घूम।
गरज रहा गज-सा झुक झूम,
ढाल रहा मद मानी।
मेरी ही पृथिवी का पानी।

अब विश्राम करें रवि-चन्द्र;
उठें नये अंकुर निस्तन्द्र;
वीर, सुनाओ निज मृदुमन्द्र;
कोई नयी कहानी।
मेरी ही पृथिवी का पानी।

बरस घटा, बरसूँ मैं संग;
सरसें अवनी के सब अंग;
मिले मुझे भी कभी उमंग,
सब के साथ सयानी।
मेरी ही पृथिवी का पानी।

दरसो परसो घन, बरसो,
सरसो जीर्ण शीर्ण जगती के तुम नव यौवन, बरसो।
घुमड़ उठो आषाढ़ उमड़कर पावन सावन, बरसो।
भाद्र-भद्र, आश्विन के चित्रित हस्ति, स्वातिघन, बरसो।
सृष्टि-दृष्टि के अंजन रंजन, ताप विभंजन, बरसो।
व्यग्र उदग्र जगज्जननी के, अयि अग्रस्तन, बरसो।
गत सुकाल के प्रत्यावर्तन हे शिखिनर्तन, बरसो।
जड़ चेतन में बिजली भर दो ओ उद्बोधन, बरसो।
चिन्मय बनें हमारे मृण्मय पुलकांकुर बन, बरसो।
मन्त्र पढ़ो, छींटे दो, जागे सोये जीवन, बरसो।
घट पूरो त्रिभुवनमानस रस, कन कन छन छन, बरसो।
आज भीगते ही घर पहुँचे, जन जन के जन, बरसो।

घटना हो, चाहे घटा, उठ नीचे से नित्य,
आती है ऊपर सखी, छाकर चन्द्रादित्य!

तरसूँ मुझ-सी मैं ही, सरसे-हरसे-हँसे प्रकृति प्यारी,
सबको सुख होगा तो मेरी भी आयगी वारी।

बुँदियों को भी आज इस तनु-स्पर्श का ताप,
उठती हैं वे भाप-सी गिरकर अपने आप!

न जा उधर हे सखी, वह शिखी सुखी हो,
नचे, न संकुचित हो कहीं, मुदित लास्य-लीला रचे।
बनूँ न पर-विघ्न मैं, बस मुझे अबाधा यही,
विराग-अनुराग में अहह! इष्ट एकान्त ही।

इन्द्रबधू आने लगी क्यों निज स्वर्ग विहाय?
नन्ही दूबा का हृदय निकल पड़ा यह हाय!

बता मुझे नख रंजनी, तू किस भाँति अरी।
होकर भी भीतर अरुण बाहर हरी हरी?

अवसर न खो निठल्ली,
बढ़ जा, बढ़ जा, विटपि-निकट बल्ली,
अब छोड़ना न लल्ली,
कदम्ब-अवलम्ब तू मल्ली।

त्रिविध पवन ही था, आ रहा जो उन्हीं-सा,
यह घन-रव ही था, छा रहा जो उन्हीं-सा!
प्रिय सदृश हँसा जो, नीप ही था, कहाँ वे?
प्रकृत सुकृत फैले, भा रहा जो उन्हीं-सा!

सफल है, उन्हीं घनों का घोष,
वंश वंश को देते हैं जो वृद्धि, विभव, सन्तोष।
नभ में आप विचरते हैं जो,
हरा धरा को करते हैं जो,
जल में मोती भरते हैं जो,
अक्षय उनका कोष।
सफल है, उन्हीं घनों का घोष।

'नंगी पीठ बैठकर घोड़े को उड़ाऊँ कहो,
किन्तु डरता हूँ मैं तुम्हारे इस झूले से,
रोक सकता हूँ ऊरुओं के बल से ही उसे,
टूटे भी लगाम यदि मेरी कभी भूले से।
किन्तु क्या करूँगा यहाँ!' उत्तर में मैंने हँस
और भी बढ़ाये पैग दोनों ओर ऊले-से,
'हैं-हैं' कह लिपट गये थे यहीं प्राणेश्वर,
बाहर से संकुचित, भीतर से फूले-से!

सखि, आशांकुर मेरे इस मिट्टी में पनप नहीं पाये,
फल कामना नहीं थी, चढ़ा सकी फूल भी न मनभाये!

कुलिश किसी पर कड़क रहे हैं,
आली, तोयद तड़क रहे हैं।
कुछ कहने के लिए लता के
अरुण अधर वे फड़क रहे हैं।
मैं कहती हूँ—रहें किसी के
हृदय वही जो धड़क रहे हैं।
अटक अटककर, भटक भटककर,
भाव वही जो भड़क रहे हैं!

मैं निज अलिन्द में खड़ी थी सखि, एक रात,
रिमझिम बूँदें पड़ती थीं घटा छाई थी,
गमक रहा था केतकी का गन्ध चारों ओर,
झिल्ली-झनकार यही मेरे मन भाई थी।
करने लगी मैं अनुकरण स्वनूपुरों से,
चंचला थी चमकी, घनाली घहराई थी,
चौंक देखा मैंने, चुप कोने में खड़े थे प्रिय,
माई! मुख-लज्जा उसी छाती में छिपाई थी!

तम में तू भी कम नहीं, जी, जुगनू, बड़भाग,
भवन भवन में दीप हैं, जा वन वन में जाग।

हा! वह सुहृदयता भी क्रीड़ा में है कठोरता जड़िता,
तड़प-तड़प उठती है स्वजनि, घनालिंगिता तड़िता।

गाढ़ तिमिर की बाढ़ में डूब रही सब सृष्टि,
मानो चक्कर में पड़ी चकराती है दृष्टि।

लाईं सखि, मालिनें थी डाली उस बार जब,
जम्बूफल जीजी ने लिये थे, तुझे याद है?
मैंने थे रसाल लिये, देवर खड़े थे वहीं,
हँसकर बोल उठे–'निज निज स्वाद है।'
मैंने कहा–'रसिक, तुम्हारी रुचि काहे पर?'
बोले–'देवि, दोनों ओर मेरा रस-वाद है,
दोनों का प्रसाद-भागी हूँ मैं' हाय आली! आज
विधि के प्रमाद से विनोद भी विषाद है!

निचोड़ पृथ्वी पर वृष्टि-पानी,
सुखा विचित्राम्बर सृष्टिरानी!
तथापि क्या मानस रिक्त तेरा?
बना अभी अंचल सिक्त मेरा।
सखि, छिन धूप और छिन छाया,
यह सब चौमासे की माया!

गया श्वास फिर भी यदि आया,
तो सजीव है कृश भी काया।
हमने उनको रोक न पाया,
तो निज-दर्शन-योग गमाया।
ले लो, दैव जहाँ जो लाया।
यह सब चौमासे की माया!

पथ तक जकड़े हैं झाड़ियाँ डाल घेरा,
उपवन वन-सा हा हो गया आज मेरा।

प्रियतम वनचारी गेह में भी रहेंगे,
कह सखि, मुझसे वे लौटके क्या कहेंगे?

करें परिष्कृत मालिनें आली, यह उद्यान;
करते होंगे गहन में प्रियतम इसका ध्यान।
ठीक कहा तूने सखी, अर्पित है यह देह,
तू सँभालकर रख इसे रखती है ज्यों गेह।

रह चिरदिन तू हरी-भरी,
बढ़, सुख से बढ़ सृष्टि-सुन्दरी,
सुध प्रियतम की मिले मुझे,
फल जन-जीवन-दान का तुझे।

हँसो, हँसो हे शशि, फूल, फूलो,
हँसो, हिंड़ोरे पर बैठ झूलो।
यथेष्ट मैं रोदन के लिए हूँ,
झड़ी लगा दूँ, इतना पिये हूँ।

प्रकृति, तू प्रिय की स्मृति-मूर्ति है,
जड़ित चेतन की त्रुटि-पूर्ति है।
रख सजीव मुझे मन की व्यथा,
कह सखी, कह, तू उनकी कथा।

निरख सखी, ये खंजन आये,
फेरे उन मेरे रंजन ने नयन इधर मन भाये!

फैला उनके तन का आतप, मन ने सर सरसाये,
घूमें वे इस ओर वहाँ, ये हंस यहाँ उड़ छाये!

करके ध्यान आज इस जन का निश्चय वे मुसकाये,
फूल उठे हैं कमल, अधर-से ये बन्धूक सुहाये!
स्वागत, स्वागत, शरद, भाग्य से मैंने दर्शन पाये,
नभ ने मोती वारे, लो ये अश्रु अर्घ्य भर लाये!

अपने प्रेम-हिमाश्रु ही दिये दूब ने भेट,
उन्हें बनाकर रत्न-कण रवि ने लिया समेट।
प्रिय को था मैंने दिया पद्म-हार उपहार,
बोले–'आभारी हुआ पाकर यह पद-भार!'

अम्बु, अवनि, अम्बर में स्वच्छ शरद की पुनीत क्रीड़ा-सी,
पर सखि, अपने पीछे पड़ी अवधि पित्त-पीड़ा-सी!

हुआ विदीर्ण जहाँ तहाँ श्वेत आवरण जीर्ण,
व्योम शीर्ण कंचुक धरे विषधर-सा विस्तीर्ण!

शफरी, अरी, बता तू
तड़प रही क्यों निमग्न भी इस सर में?
जो रस निज गागर में,
सो रस-गोरस नहीं स्वयं सागर में।

भ्रमरी, इस मोहन मानस के
सुन, मादक हैं रस-भाव सभी,
मधु पीकर और मदान्ध न हो,
उड़ जा, बस है अब क्षेम तभी।
पड़ जाय न पंकज-बन्धन में,
निशि यद्यपि है कुछ दूर अभी,
दिन देख नहीं सकते सविशेष
किसी जन का सुखभोग कभी!

इस उत्पल-से काय में हाय! उपल-से प्राण?
रहने दे वक, ध्यान यह, पावें ये दृग त्राण!

हंस, छोड़ आये कहाँ मुक्ताओं का देश?
यहाँ वन्दिनी के लिए लाये क्या सन्देश?

हंस, हहा! तेरा भी बिगड़ गया क्या विवेक बन बनके?
मोती नहीं, अरे, ये आँसू हैं ऊर्मिला जन के!

चली क्रौंचमाला कहाँ लेकर वन्दनवार?
किस सुकृती का द्वार वह, जहाँ मंगलाचार!

सखि, गोमुखी गंगा रहे, कुररीमुखी करुणा यहाँ,
गंगा जहाँ से आ रही है, जा रही करुणा वहाँ!

कोक, शोक मत कर हे तात,
कोकि, कष्ट में हूँ मैं भी तो, सुन तू मेरी बात।
धीरज धर, अवसर आने दे, सह ले यह उत्पात,
मेरा सुप्रभात वह तेरी सुख-सुहाग की रात!

हा मेरे! कुंजों का कूजन रोकर, निराश होकर सोया,
यह चन्द्रोदय उसको उड़ा रहा है धवल वसन-सा धोया।

सखि, मेरी धरती के करुणांकुर ही वियोग सेता है,
यह ओषधीश उनको स्वकरों से अस्थिसार देता है!

जन प्राचीजननी ने शशिशिशु को जो दिया डिठौना है,
उसको कलंक कहना, यह भी मानो कठोर टौना है!

सजनी, मेरा मत यही, मंजुल मुकुर मयंक,
हमें दीखता है वहाँ अपना राज्य-कलंक!

किसने मेरी स्मृति को
बना दिया है निशीथ में मतवाला!
नीलम के प्याले में
बुदबुद देकर उफन रही वह हाला!

सखि, निरख नदी की धारा,
ढलमल ढलमल चंचल अंचल, झलमल झलमल तारा।
निर्मल जल अन्तःस्तल भरके,

उछल उछलकर छल छल करके,
थल थल तरके, कल कल धरके,
बिखराता है पारा!
सखि, निरख नदी की धारा।
लोल लहरियाँ डोल रही हैं,
भ्रू-विलास-रस घोल रही हैं,
इंगित ही में बोल रही हैं,
मुखरित कूल, किनारा!
सखि, निरख नदी की धारा।
पाया,–अब पाया-वह सागर,
चली जा रही आप उजागर।
कब तक आवेंगे निज नागर
अवधि-दूतिका-द्वारा?
सखि, निरख नदी की धारा।
मेरी छाती दलक रही है,
मानस-शफरी ललक रही है,
लोचन-सीमा छलक रही है,
आगे नहीं सहारा!
सखि निरख नदी की धारा।

सखी, सत्य क्या मैं घुली जा रही?
मिलूँ चाँदनी में, बुरा क्या यही?
नहीं चाहते किन्तु वे चाँदनी,
तपोमग्न हैं आज मेरे धनी।

नैश गगन के गात्र में पड़े फफोले हाय!
तो क्या अरी न आह भी करूँ आज निरुपाय?

तारक-चिह्नदुकूलिनी पी पीकर मधु मात्र,
उलट गयी श्यामा यहाँ रिक्त सुधाधर-पात्र।

(2)

आलि, काल है काल अन्त में,
उष्ण रहे चाहे वह शीत,
आया यह हेमन्त दयाकर,
देख हमें सन्तप्त-सभीत।
आगत का स्वागत समुचित है, पर क्या आँसू लेकर?
प्रिय होते तो लेती उसको मैं घी-गुड़ दे देकर।
पाक और पकवान रहें, अब
गया स्वाद का अवसर बीत,
आया यह हेमन्त दयाकर,
देख हमें सन्तप्त-सभीत।
हे ऋतुवर्य, क्षमा कर मुझको, देख दैन्य यह मेरा,
करता रह प्रतिवर्ष यहाँ तू फिर फिर अपना फेरा।
व्याज-सहित ऋण भर दूँगी मैं,
आने दे उनको हे मीत,
आया यह हेमन्त दया कर,
देख हमें सन्तप्त-सभीत।
सी-सी करती हुई पार्श्व में पाकर जब-तब मुझको,
अपना उपकारी कहते थे मेरे प्रियतम तुझको।
कम्बल ही सम्बल है अब तो,
ले आसन ही आज पुनीत,
आया यह हेमन्त दयाकर,
देख हमें सन्तप्त-सभीत।
कालागुरु की सुरभि उड़ाकर मानो मंगल तारे,
हँसे हसन्ती में खिल खिलकर अनल-कुसुम अंगारे।
आज धुकधुकी में मेरी भी
ऐसा ही उद्दीप्त अतीत!
आया यह हेमन्त दया कर,
देख हमें सन्तप्त सभीत।

अब आतप-सेवन में कौन तपस्या, मुझे न यों छल तू,
तप पानी में पैठा, सखि, चाहे तो वहीं चल तू!

नाइन, रहने दे तू, तेल नहीं चाहिए मुझे तेरा,
तनु चाहे रूखा हो, मन तो सुस्नेह-पूर्ण है मेरा।

मेरी दुर्बलता क्या
दिखा रही तू अरी, मुझे दर्पण में?
देख, निरख मुख मेरा
वह तो धुँधला हुआ स्वयं ही क्षण में!
एक अनोखी मैं ही
क्या दुबली हो गयी सखी, घर में
देख, पद्मिनी भी तो
आज हुई नालशेष निज सर में।

पूछी थी सुकाल-दशा मैंने आज देवर से–
कैसी हुई उपज कपास, ईख, धान की?
बोले–"इस वार देवि, देखने में भूमि पर
दुगुनी दया-सी हुई इन्द्र भगवान की।"
पूछा यही मैंने एक ग्राम में तो कर्षकों ने
अन्न, गुड़, गोरस की वृद्धि ही बखान की,
किन्तु 'स्वाद कैसा है, न जानें, इस वर्ष हाय!'
यह कह रोई एक अबला किसान की!

हम राज्य लिए मरते हैं?
सच्चा राज्य परन्तु हमारे कर्षक ही करते हैं।

जिनके खेतों में है अन्न,
कौन अधिक उनसे सम्पन्न?
पत्नी-सहित विचरते हैं वे, भव-वैभव भरते हैं,
हम राज्य लिए मरते हैं!

वे गो-धन के धनी उदार,
उनको सुलभ सुधा की धार,

सहनशीलता के आगर वे श्रम-सागर तरते हैं।
हम राज्य लिए मरते हैं!

यदि वे करें, उचित है गर्व,
बात बात में उत्सव-पर्व,
हम-से प्रहरी रक्षक जिनके, वे किससे डरते हैं?
हम राज्य लिए मरते हैं!

करके मीन-मेख सब ओर,
किया करें बुध वाद कठोर,
शाखामयी बुद्धि तजकर वे मूल-धर्म धरते हैं।
हम राज्य लिए मरते हैं।

होते कहीं वही हम लोग,
कौन भोगता फिर ये भोग?
उन्हीं अन्नदाताओं के सुख आज दुख हरते हैं!
हम राज्य लिए मरते हैं!

प्रभु को निष्कासन मिला, मुझको कारागार,
मृत्यु-दण्ड उन तात को, राज्य, तुझे धिक्कार!

चौदह चक्कर खायगी जब यह भूमि अभंग,
घूमेंगे इस ओर तब प्रियतम प्रभु के संग।
प्रियतम प्रभु के संग आयँगे तब हे सजनी,
अब दिन पर दिन गिनो और रजनी पर रजनी!
पर पल पल ले रहा यहाँ प्राणों से टक्कर,
कलह मूल यह भूमि लगावे चौदह चक्कर!

सिकुड़ा सिकुड़ा दिन था, सभीत-सा शीत के कसाले से,
सजनी, यह रजनी तो जम बैठी विषम पाले से!

आये सखि, द्वार-पटी हाथ से हटाके प्रिय
वंचक भी वंचित-से कम्पित विनोद में,
'ओढ़ देखो तनिक तुम्हीं तो परिधान यह'
बोले डाल रोमपट मेरी इस गोद में
क्या हुआ, उठी मैं झट प्रावरण छोड़कर
परिणत हो रहा था पवन प्रतोद में,
हर्षित थे तो भी रोम रोम हम दम्पति के
कर्षित थे दोनों बाहु-बन्धन के मोद में।

करती है तू शिशिर का वार वार उल्लेख,
पर सखि, मैं जल-सी रही, धुआँधार यह देख!

सचमुच यह नीहार तो अब तू तनिक निहार,
अन्धकार भी शीत से श्वेत हुआ इस वार!

कभी गमकता था जहाँ कस्तूरी का गन्ध,
चौंक चमकता है वहाँ आज मनोमृग अन्ध!

शिशिर, न फिर गिरि-वन में,
जितना माँगे, पतझड़ दूँगी मैं इस निज नन्दन में।
कितना कम्पन तुझे चाहिए, ले मेरे इस तन में।
सखी कह रही, पाण्डुरता का क्या अभाव आनन में?
वीर, जमा दे नयन-नीर यदि तू मानस-भाजन में,
तो मोती-सा मैं अकिंचना रक्खूँ उसको मन में।
हँसी गयी, रो भी न सकूँ मैं,–अपने इस जीवन में,
तो उत्कण्ठा है, देखूँ फिर क्या हो भाव-भुवन में!

सखि, न हटा मकड़ी को, आयी है वह सहानुभूति-वशा,
जालगता मैं भी तो, हम दोनों की यहाँ समान-दशा।

भूल पड़ी तू किरण, कहाँ?
झाँक झरोखे से न, लौट जा, गूँजें तुझसे तार जहाँ।
मेरी वीणा गीली गीली;
आज हो रही ढीली ढीली;
लाल हरी तू पीली नीली;
कोई राग न रंग यहाँ।
भूल पड़ी तू किरण, कहाँ?
शीत काल है और सबेरा;
उछल रहा है मानस मेरा;
भरे न छींटों से तनु तेरा;
रुदन जहाँ क्या गान वहाँ?
भूल पड़ी तू किरण, कहाँ?
मेरी दशा हुई कुछ ऐसी;
तारों पर अँगुली की जैसी;
कसक परन्तु मींड़ भी कैसी?
कह सकती हूँ नहीं न हाँ!
भूल पड़ी तू किरण, कहाँ?

न तो अगति ही है न गति, आज किसी भी ओर,
इस जीवन के झाड़ में रही एक झकझोर!

पाऊँ मैं तुम्हें आज, तुम मुझको पाओ,
ले लूँ अंचल पसार, पीतपत्र, आओ।
फूल और फल-निमित्त,
बल देकर स्वरस-वित्त,
लेकर निश्चिन्त चित्त,
उड़ न हाय! जाओ,
लूँ मैं अंचल पसार, पीतपत्र, आओ।
तुम हो नीरस शरीर,
मुझमें है नयन-नीर,

इसका उपयोग वीर,
मुझको बतलाओ।
लूँ मैं अंचल पसार, पीतपत्र, आओ।

जो प्राप्ति हो फूल तथा फलों की,
मधूक, चिन्ता न करो दलों की।
हो लाभ पूरा पर हानि थोड़ी,
हुआ करे तो वह भी निगोड़ी।

श्लाघनीय हैं एक-से, दोनों ही द्युतिमन्त,
जो वसन्त का आदि है, वही शिशिर का अन्त।

ज्वलित जीवन धूम कि धूप है,
भुवन तो मन के अनुरूप है।
हँसित कुन्द रहे कवि का कहा,
सखि, मुझे वह दाँत दिखा रहा!

हाय! अर्थ की उष्णता देगी किसे न ताप?
धनद-दिशा में तप उठे, आतप-पति भी आप।

अपना सुमन लता ने
निकालकर रख दिया, बिना बोले,
आलि, कहाँ वनमाली,
झड़ने के पूर्व झाँक ही जो ले?

काली काली कोइल बोली–
होली–होली–होली!
हँसकर लाल लाल होंठों पर हरयाली हिल डोली,
फूटा यौवन, फाड़ प्रकृति की पीली पीली चोली।
होली–होली–होली!
अलस कमलिनी ने कलरव सुन उन्मद अँखियाँ खोली,

मल दी ऊषा ने अम्बर में दिन के मुख पर रोली।
होली–होली–होली!
रागी फूलों ने पराग से भर ली अपनी झोली,
और ओस ने केसर उनके स्फुट-सम्पुट में घोली।
होली–होली–होली!
ॠतु ने रवि-शशि के पलड़ों पर तुल्य प्रकृति निज तोली,
सिहर उठी सहसा क्यों मेरी भुवन-भावना भोली?
होली–होली–होली!
गूँज उठी खिलती कलियों पर उड़ अलियों की टोली,
प्रिय की श्वास-सुरभि दक्षिण से आती है अनमोली।
होली–होली–होली!

जा, मलयानित, लौट जा, यहाँ अवधि का शाप,
लगे न लू होकर कहीं तू अपने को आप!

भ्रमर, इधर मत भटकना, ये खट्टे अंगूर,
लेना चम्पक-गन्ध तुम, किन्तु दूर ही दूर।

सहज मातृगुण गन्ध था कर्णिकार का भाग;
विगुण रूप-दृष्टान्त के अर्थ न हो यह त्याग!

मुझे फूल मत मारो,
मैं अबला बाला वियोगिनी, कुछ तो दया विचारो।
होकर मधु के मीत मदन, पटु, तुम कटु, गरल न गारो,
मुझे विकलता, तुम्हें विफलता ठहरो, श्रम परिहारो।
नहीं भोगिनी यह मैं कोई, जो तुम जाल पसारो,
बल हो तो सिन्दूर-बिन्दु यह-यह हरनेत्र निहारो!
रूप-दर्प कन्दर्प, तुम्हें तो मेरे पति पर वारो,
लो, यह मेरी चरण-धूलि उस रति के सिर पर धारो!

फूल! खिलो आनन्द से तुमपर मेरा तोष;
इस मनसिज पर ही मुझे दोष देखकर रोष।

आयी हूँ सशोक मैं अशोक, आज तेरे तले,
आती है तुझे क्या हाय! सुध उस बात की।
प्रिय ने कहा था–'प्रिये, पहले ही फूला यह,
भीति जो थी इसको तुम्हारे पदाघात की!
देवी उन कान्ता सती शान्ता को सुलक्षकर,
वक्ष भर मैंने भी हँसी यों अकस्मात की–
'भूलते हो नाथ, फूल फूलते कैसे, यदि
ननद न देतीं प्रीति पद-जलजात की!'

सूखा है यह मुख यहाँ, रूखा है मन आज;
किन्तु सुमन-संकुल रहे प्रिय का वकुल-समाज।

करूँ बड़ाई फूल की या फल की चिरकाल?
फूला-फला यथार्थ में तू ही यहाँ रसाल!

देखूँ मैं तुझको सविलास;
खिल सहस्रदल, सरस, सुवास!
अतुल अम्बुकुल-सा अमल भला कौन है अन्य?
अम्बुज, जिसका जन्य तू धन्य, धन्य, ध्रुव धन्य!
साधु सरोवर-विभव-विकास!
खिल सहस्रदल, सरस, सुवास।
कब फूलों के साथ फल, फूल फलों के साथ?
तू ही ऐसा फूल है फल है जिसके हाथ!
ओ मधु के अनुपम आवास,
खिल सहस्रदल, सरस, सुवास।
एक मात्र उपमान तू हैं अनेक उपमेय,
रूप-रंग, गुण-गन्ध में तू ही गुरुतम, गेय।
ओ उन अंगों के आभास!

खिल सहस्रदल, सरस, सुवास।
तू सुषमा का कर कमल, रति-मुखाब्ज उद्ग्रीव;
तू लीला-लोचन नलिन, ओ प्रभु-पद राजीव!
रच लहरों को लेकर रास,
खिल सहस्रदल, सरस, सुवास।
सहज सजल सौन्दर्य का जीवनधन तू पद्म,
आर्य जाति के जगत की लक्ष्मी का शुभ सद्म।
क्या यथार्थ है यह विश्वास,
खिल सहस्रदल, सरस, सुवास।
रहकर भी जल-जाल में तू अलिप्त अरविन्द,
फिर तुझपर गूँजें न क्यों कविजन-मनोमिलिन्द!
कौन नहीं दानी का दास?
खिल सहस्रदल, सरस, सुवास।
तेरे पट है खोलता आकर दिनकर आप,
हरता रह निष्पाप तू हम सबके सन्ताप।
ओ मेरे मानस के हास!
खिल सहस्रदल, सरस, सुवास।

पैठी है तू षट्पदी, निज सरसिज में लीन;
सप्तपदी देकर यहाँ बैठी मैं गीत-हीन!

बिखर कली झड़ती है, कब सीखी किन्तु संकुचित होना?
संकोच किया मैंने, भीतर कुछ रह गया, यही रोना!

अरी, गूँजती मधुमक्खी,
किसके लिए बता तूने वह रस की मटकी रक्खी?
किसका संचय दैव सहेगा?
काल घात में लगा रहेगा,
व्याध बात भी नहीं कहेगा;
लूटेगा घर लक्खी।
अरी, गूँजती मधुमक्खी।

इसे त्याग का रंग न दीजो,
अपने श्रम का फल है, लीजो,
जयजयकार कुसुम का कीजो,
जहाँ सुधा-सी चक्खी।
अरी, गूँजती मधुमक्खी!

सखि, मैं भव-कानन में निकली,
बनके इसकी वह एक कली,
खिलते खिलते जिससे मिलने
उड़ आ पहुँचा हिल हेम-अली
मुसकाकर आलि, लिया उसको,
तब लों यह कौन बयार चली,
'पथ देख जियो' कह गूँज यहाँ
किस ओर गया वह छोड़ छली?

छोड़, छोड़, फूल मत तोड़, आली, देख मेरा।
हाथ लगते ही यह कैसे कुम्हलाये हैं?
कितना विनाश निज क्षणिक विनोद में है,
दु:खिनी लता के लाल आँसुओं से छाये हैं।
किन्तु नहीं, चुन ले सहर्ष खिले फूल सब
रूप, गुण गन्ध से जो तेरे मनभाये हैं,
जाये नहीं लाल लतिका ने झड़ने के लिए,
गौरव के संग चढ़ने के लिए जाये हैं।

कैसी हिलती डुलती अभिलाषा है कली, तुझे खिलने की,
जैसी मिलती-जुलती उच्चाशा है भली मुझे मिलने की!

मान छोड़ दे, मान अरी,
कली, अली आया, हँसकर ले, यह वेला फिर कहाँ धरी?
सिर न हिला झोंकों में पड़कर, रख सहृदयता सदा हरी,
छिपा न उसको भी प्रियतम से यदि है भीतर धूलि भरी!

भिन्न भी भाव-भंगी में भाती है रूप-सम्पदा,
फूल धूल उड़ाके भी आमोदमद है सदा।

फूल, रूप-गुण में कहीं मिला न तेरा जोड़,
फिर भी तू फल के लिए अपना आसन छोड़।

सखि, बिखर गयी हैं कलियाँ;
कहाँ गया प्रिय झुकामुकी में करके वे रंग-रलियाँ।
भुला सकेगी पुनः पवन को अब क्या इसकी गलियाँ?
यह बहुत, ये पचें उन्हीं में जो थी रंगस्थलियाँ।

कह कथा अपनी इस घ्राण से,
उड़ गये मधु-सौरभ प्राण-से।
फल मिलें हमको-तुमको सखी,
तदपि बीज रहें सब त्राण से।

उठती है उर में हाय! हूक,
ओ कोइल, कह, यह कौन कूक?
क्या ही सकरुण, दारुण, गभीर,
निकली है नभ का चित्त चीर,
होते हैं दो दो दृग सनीर,
लगती है लय की एक लूक!
ओ कोइल, कह, यह कौन कूक?
तेरे क्रन्दन तक में सु-गान,
सुनते हैं जग के कुटिल कान,
लेने में ऐसा रस महान।
हम चतुर करें किस भाँति चूक!
ओ कोइल, कह, यह कौन कूक?
री, आवेगा फिर भी वसन्त,
जैसे मेरे प्रिय प्रेमवन्त।
दुःखों का भी है एक अन्त,

हो रहिए दुर्दिन देख मूक।
ओ कोइल, कह, यह कौन कूक?

अरे एक मन, रोक थाम तुझे मैंने लिया,
दो नयनों ने, शोक, भरम खो दिया रो दिया!

हे मानस के मोती, ढलक चले तुम कहाँ बिना कुछ जाने?
प्रिय हैं दूर गहन में, पथ में है कौन जो तुम्हें पहचाने?

न जा अधीर धूल में,
दृगम्बु, आ, दुकूल में।
रहे एक ही पानी चाहे हम दोनों के मूल में,
मेरे भाव आँसुओं में हैं, और लता के फूल में।
दृगम्बु, आ, दुकूल में।
फूल और आँसू दोनों ही उठें हृदय की हूल में,
मिलन-सूत्र-सूची से कम क्या अनी विरह के शूल में।
दृगम्बु, आ, दुकूल में।
मधु हँसने में, लवण रुदन में, रहे न कोई भूल में,
मौज किन्तु मँझधार बीच है किंवा है वह कूल में?
दृगम्बु, आ, दुकूल में।
नयनों को रोने दे, मन, तू संकीर्ण न बन, प्रिय बैठे हैं,
आँखों से ओझल हों, गये नहीं वे कहीं, यहीं पैठे हैं!
आँख, बता दे तू ही, तू हँसती या यथार्थ रोती है?
तेरे अधर-दशन ये, या तू भर अश्रुबिन्दु ढोती है?

बने रहो मेरे नयन, मानसजल में लीन,
माना है प्रिय ने तुम्हें अपना क्रीड़ा-मीन!

सखे, जाओ तुम हँसकर भूल, रहूँ मैं सुध करके रोती
तुम्हारे हँसने में हैं फूल, हमारे रोने में मोती!
मानती हूँ, तुम मेरे साध्य,

अहर्निश एक मात्र आराध्य,
साधिका मैं भी किन्तु अवाध्य,
जागती होऊँ, या सोती।
तुम्हारे हँसने में हैं फूल, हमारे रोने में मोती!
सफल हो सहज तुम्हारा त्याग,
नहीं निष्फल मेरा अनुराग,
सिद्धि है स्वयं साधना-भाग,
सुधा क्या, क्षुधा जो न होती!
तुम्हारे हँसने में हैं फूल, हमारे रोने में मोती!
काल की रुके न चाहे चाल,
मिलन से बड़ा विरह का काल;
वहाँ लय, यहाँ प्रलय सुविशाल!
दृष्टि में दर्शनार्थ धोती!
तुम्हारे हँसने में हैं फूल, हमारे रोने में मोती!

अर्थ, तुझे भी हो रही पदप्राप्ति की चाह?
क्या इस जलते हृदय में नहीं और निर्वाह?

स्वजनि, रोता है मेरा गान,
प्रिय तक नहीं पहुँच पाती है उसकी कोई तान।

झिलता नहीं समीर पर इस जी का जंजाल,
झड़ पड़ते हैं शून्य में बिखर सभी स्वर-ताल।
विफल आलाप-विलाप समान,
स्वजनि, रोता है मेरा गान।
उड़ने को है तड़पता मेरा भावानन्द,
व्यर्थ उसे पुचकारकर फुसलाते हैं छन्द।
दिलाकर पद-गौरव का ध्यान।
स्वजनि, रोता है मेरा गान।
अपना पानी भी नहीं रखता अपनी बात,
अपनी ही आँखें उसे ढाल रहीं दिन-रात।

जना देते हैं सभी अजान,
स्वजनि, रोता है मेरा गान।
दुख भी मुझसे विमुख हो करे न कहीं प्रयाण,
आज उन्हीं में तो तनिक अटके हैं ये प्राण।
विरह में आ जा, तू ही मान!
स्वजनि, रोता है मेरा गान।

यही आता है इस मन में,
छोड़ धाम-धन जाकर मैं भी रहूँ उसी वन में।

प्रिय के व्रत में विघ्न न डालूँ, रहूँ निकट भी दूर,
व्यथा रहे, पर साथ साथ ही समाधान भरपूर।
हर्ष डूबा हो रोदन में,
यही आता है इस मन में।

बीच बीच में उन्हें देख लूँ मैं झुरमुट की ओट,
जब वे निकल जायँ तब लेटूँ उसी धूल में लोट।
रहें रत वे निज साधन में,
यही आता है इस मन में।

जाती जाती, गाती गाती, कह जाऊँ यह बात–
धन के पीछे जन, जगती में उचित नहीं उत्पात।
प्रेम की ही जय जीवन में।
यही आता है इस मन में।

अब जो प्रियतम को पाऊँ!
तो इच्छा है, उन चरणों की रज मैं आप रमाऊँ!
आप अवधि बन सकूँ कहीं तो क्या कुछ देर लगाऊँ,
मैं अपने को आप मिटाकर, जाकर उनको लाऊँ।
ऊषा-सी आयी थी जग में, सन्ध्या-सी क्या जाऊँ?

श्रान्त पवन-से वे आवें मैं सुरभि-समान समाऊँ!
मेरा रोदन मचल रहा है, कहता है, कुछ गाऊँ,
उधर गान कहता है, रोना आवे तो मैं आऊँ!
इधर अनल है और उधर जल, हाय! किधर मैं जाऊँ!
प्रबल वाष्प, फट जाय न यह घट, कह तो हाहा खाऊँ?

उठ अवार न पार जाकर भी गयी,
ऊर्मि हूँ मैं इस भवार्णव की नयी!
अटक जीवन के विशेष विचार में,
भटकती फिरती स्वयं मँझधार में,
सहज कर्षण कूल, कुंज, कछार में,
विषमता है किन्तु वायु-विकार में,
और चारों ओर चक्कर हैं कई,
ऊर्मि हूँ मैं इस भवार्णव की नयी!
पर विलीन नहीं, रहूँ गतिहीन मैं,
दैन्य से न दबूँ कभी, वह दीन मैं।
अति अवश हूँ, किन्तु आत्म-अधीन मैं,
सखि, मिलन के पूर्व ही प्रिय-लीन मैं।
कर सका सो कर चुका अपना दई,
ऊर्मि हूँ मैं इस भवार्णव की नयी!

आये एक बार प्रिय बोले–'एक बात कहूँ,
विषय परन्तु गोपनीय सुनो कान में!'
मैंने कहा–'कौन यहाँ?' बोले–'प्रिये, चित्र तो हैं,
सुनते हैं वे भी राजनीति के विधान में।'
लाल किये कर्णमूल होंठों से उन्होंने कहा–
'क्या कहूँ सगद्गद हूँ, मैं भी छद-दान में;
कहते नहीं हैं, करते हैं कृती!' सजनी मैं
खीझ के भी रीझ उठी उस मुसकान में!

मेरे चपल यौवन-बाल!
अचल अंचल में पड़ा सो, मचलकर मत साल।
बीतने दे रात, होगा सुप्रभात विशाल,
खेलना फिर खेल मन के पहन के मणि-माल।
पक रहे हैं भाग्य-फल तेरे सुरम्य-रसाल,
डर न, अवसर आ रहा है, जा रहा है काल।
मन पुजारी और तन इस दु:खिनी का थाल,
भेंट प्रिय के हेतु उसमें एक तू ही लाल!

यही वाटिका थी, यही थी मही,
यही चन्द्र था, चाँदनी थी यही।
यही वल्लकी मैं लिये गोद में,
उसे छेड़ती थी महामोद में।
यही कण्ठ था, कौन-सा गान था?–
'न था दुर्ग तू, मानिनी-मान था!'
यही टेक मैं तन्मयी छोर से,
लगी छेड़ने कान्त की ओर से।
अकस्मात् नि:शब्द आये जयी,
मनोवृत्ति थी नाथ की मन्मयी।
सखी, आप ही आप वे हँसे–
'बड़े वीर थे, आज अच्छे फँसे!'
हँसी मैं, अजी, मानिनी तो गयी,
बधाई! मिली जीत यों ही नयी!
'प्रिये, हार में ही यहाँ जीत है।
रुका क्यों तुम्हारा नया गीत है?'
जहाँ आ गयी चाप-टंकार है,
वहाँ व्यर्थ-सी आप झंकार है।
'प्रिये, चाप-टंकार तो सो रही,
स्वयं मग्न झंकार में हो रही।'
भला!–प्रश्न है किन्तु संसार में–
भली कौन झंकार-टंकार में?

‘शुभे, धन्य झंकार है धाम में,
रहे किन्तु टंकार संग्राम में।
इसी हेतु है जन्म टंकार का,
न टूटे कभी तार झंकार का।
यही ठीक, टंकार सोती रहे,
सभी ओर झंकार होती रहे।
सुनो, किन्तु है लोभ संसार में,
इसी हेतु है क्षोभ संसार में।
हमें शान्ति का भार जो है मिला,
इसी चाप की कोटियों से झिला।’

हुआ,—किन्तु को दण्ड-विद्या-कला,
मुझे व्यर्थ, क्यों और सीखूँ भला?
भले ऊर्मिला के लिए गान ये,
विवादी स्वरों से बचें कान ये।
करूँ शिष्यता क्यों तुम्हारी अहो,
बनूँ तान्त्रिकी शिक्षिका जो कहो।
मृगों को धरो तो सही चाप से,
कहो, खींच लूँ मैं स्वरालाप से!
‘अभी खींच ही जो लिया है! रहो,
बनीं शिष्य से शिक्षिका, क्यों न हो!
तुम्हारी स्वरालाप-धारा बहे,
पड़ा कूल में चाप मेरा रहे।’
इसी भाँति आलाप-संलाप में,
(न ऐसे महाशाप में, ताप में,)
हमारा यहाँ काल था बीतता,
न सन्तोष का कोश था रीतता।
हरे! हाय! क्या से यहाँ क्या हुआ?
उड़ा ही दिया मन्थरा ने सुआ!
हिया-पींजरा शून्य माँ को मिला,

गया सिद्ध मेरा, रही मैं शिला!

स्वप्न था वह जो देखा, देखूँगी फिर क्या कभी?
इस प्रत्यक्ष से मेरा परित्राण कहाँ अभी?

कूड़े से भी आगे
पहुँचा अपना अदृष्ट गिरते गिरते,
दिन बारह वर्षों में
घूड़े के भी सुने गये हैं फिरते!

रस पिया सखि, नित्य जहाँ नया,
अब अलभ्य वहाँ विष हो गया!
मरण-जीवन की यह संगिनी
बन सकी वन की न विहंगिनी!
सखि, यहाँ सब ओर निहार तू,
फिर विचार अतीत विहार तू।
उदित-से सब हास-विलास हैं।
रुदित-से सब किन्तु उदास हैं।
स्वजनि, पागल भी यदि हो सकूँ,
कुशल तो, अपनापन खो सकूँ।
शपथ है उपचार न कीजियो,
अवधि की सुध ही तुम लीजियो।
बस इसी प्रिय-कानन-कुंज में,
मिलन-भाषण के स्मृति-पुंज में,
अभय छोड़ मुझे तुम दीजियो,
हसन-रोदन से न पसीजियो।
सखि, न मृत्यु न आधि, न व्याधि ही,
समझियो तुम स्वप्न-समाधि ही।
हहह! पागल हो यदि ऊर्मिला,
विरह-सर्प स्वयं फिर तो किला!

प्रिय यहाँ वन से जब आयँगे,
सब विकार स्वयं मिट जायँगे।
न सपने सपने रह पायँगे,
प्रकटता अपनी दिखलायँगे।
अब भी समक्ष वह नाथ खड़े,
बढ़ किन्तु रिक्त यह हाथ पड़े।
न वियोग है न यह योग सखी,
कह, कौन भाग्य-भय भोग सखी?

विचारती हूँ सखि, मैं कभी कभी!
अरण्य से हैं प्रिय लौट आते।
छिपे छिपे आकर देखते सभी
कभी स्वयं भी कुछ दीख जाते!

आते यहाँ नाथ निहारने हमें,
उद्धारने या सखि, तारने हमें?
या जानने को, किस भाँति जी रहे?
तो जान लें वे, हम अश्रु पी रहे!
सखि, विचार कभी उठता यही–
अवधि पूर्ण हुई, प्रिय आ गये।
तदपि मैं मिलते सकुचा रही,
वह वही, पर आज नये नये?

निरखती सखी, आज मैं जहाँ,
दयति-दीप्ति ही दीखती वहाँ
हहह! ऊर्मिला भ्रान्त है रहे
यह असत्य तो सत्य भी बहे।
ज्वलित प्राण भी प्राण पा गये,
सुभग आ गये कान्त, आ गये!
निकल हंस-से केकि-कुंज से।
निरख वे खड़े प्रेम-पुंज-से!

रुचिर चन्द्र की चन्द्रिका खिली,
निज अशोक से माधवी मिली।
अवधि हो गयी पूर्ण अन्त में,
सुयश छा रहा है दिगन्त में।
स्वजनि, धन्य है आज की घड़ी,
तदपि खिन्न-सी तू यहाँ खड़ी!
त्वरित आरती ला, उतार लूँ,
पद दृगम्बु से मैं पखार लूँ
चरण हैं भरे देख, धूल से,
विरह-सिन्धु में प्राप्त कूल-से।
विकट क्या जटाजूट है बना,
भृकुटि युग्म में चाप-सा तना।
वदन है भरा मन्द हास से,
गलित चन्द्र भी श्री-विलास से।
ललित कन्धरा, कण्ठ कम्बु-सा,
नयन पद्म-से, ओज अम्बु-सा,
तनु तपा हुआ शुद्ध हेम है,
सुलभ योग है और क्षेम है।
उदित ऊर्मिला-भाग्य धन्य है,
अब कृती कहाँ कौन अन्य!

विजय नाथ की हो सभी कहीं,
तदपि क्यों खड़े हो गये वहीं?
प्रिय, प्रविष्ट हो, द्वार मुक्त है,
मिलन-योग तो नित्य युक्त है।
तुम महान हो और हीन मैं,
तदपि, धूल-सी अन्घ्रि-लीन मैं।
दयति, देखते देव भक्ति को,
निरखते नहीं नाथ, व्यक्ति को।

तुम बड़े, बने और भी बड़े,
तदपि ऊर्मिला-भाग के पड़े
अब नहीं, रही दीन मैं कभी,
तुम मुझे मिले तो मिला सभी।
प्रभु कहाँ, कहाँ किन्तु अग्रजा,
कि जिनके लिए था मुझे तजा?
वह नहीं फिरे? क्या तुम्हीं फिरे?
हम गिरे अहो! तो गिरे, गिरे।
दयित, क्या मुझे आर्त जानके,
अधिप ने अनुक्रोश मानके,
घर दिया तुम्हें भेज आप ही?
यह हुआ मुझे मुझे और ताप ही।
प्रिय, फिरो, फिरो हा! फिरो, फिरो!
न इस मोह की घूम से घिरो।
विकल मैं यहाँ, किन्तु गर्विणी,
न कर दो मुझे नष्टपर्विणी।
घर फिरे तुम्हीं मोह से कहीं
तब हुए तपोभ्रष्ट क्या नहीं?
च्युत हुए अहो नाथ, जो यथा,
धिक! वृथा हुई ऊर्मिला-व्यथा।
समय है अभी, हा! फिरो,
तुम न यों यशःस्वर्ग से गिरो।
प्रभु दयालु हैं, लौट के मिलो,
न उनके कुटी-द्वार से हिलो।
निरखती अभी एक मात्र मैं,
पर अभिन्न हूँ, अर्द्ध गात्र मैं।
यह सखी मुझे मत्त मानती,
कुशल मैं यही आज जानती।
अवश रो रहे प्राण ये घँसे,
तदपि कौन है, जो मुझे हँसे?
अब हँसी न हो, और क्या कहूँ?
तुम व्रती रहो, मैं सती रहूँ।

धिक! तथापि हा सामने खड़े?
तुम अलज्ज-से क्यों यहाँ अड़े?
जिधर पीठ दे दीठ फेरती,
उधर मैं तुम्हें ढीठ, हेरती!
तुम मिलो मुझे धर्म छोड़के,
फिर मरूँ न क्यों मुण्ड फोड़के?
यह शरीर लो, प्राण ये बुझे,
धर न हा सखी, छोड़ दे मुझे।
स्वजनि, क्या कहा–वे यहाँ कहाँ?
तदपि दीखते हैं जहाँ तहाँ?
यह यथार्थ उन्माद, भ्रान्ति है?
ठहर तो मिटा क्षोभ, शान्ति है।
धिक! प्रतीत भी की न नाथ की,
पर न थी सखी, बात हाथ की।
प्रतिविधान मैं क्या करूँ बता,
इस अनर्थ का भी कहीं पता!
अधम ऊर्मिले, हाथ निर्दया!
पतित नाथ है! तू सदाशता?
नियम पालती एक मात्र तू,
सब अपात्र हैं, और पात्र तू?
मुँह दिखायगी क्या उन्हें अरी,
मर ससंशया, क्यों न तू मरी।
सदय वे, बता किन्तु चंचला,
वह क्षमा सही जायगी भला?

बिसरता नहीं न्याय भी दया,
बस रहो प्रिये, जान मैं गया।
तुम अधीर हो तुच्छ ताप में,
रह सकी नहीं आप आपमें!

न उस धूप में और मेह में,
तुम रहीं यहाँ राजगेह में।
विदित क्या तुम्हें, देवि, क्या हुआ,
रुधिर स्वेद के रूप में चुआ।
विपिन में कभी सो सका न मैं,
अधिक क्या कहूँ, रो सका न मैं।
वचन ये पुरस्कार में मिले,
अहह मिले! हाय ऊर्मिले!
गिन सको, गिनो शूल, जो चुभे,
सहज है समालोचना शुभे।
कठिन साधना किन्तु तत्व की,
प्रथम चाहिए सिद्धि सत्व की।
कठिन कर्म का क्षेत्र था वहाँ,
पर यहाँ? कहो देवि, क्या यहाँ?
उलहना कभी दैव को दिया,
बहुत जो किया नेक रो लिया!
सतत पुण्य या पाप-संगिनी।
समझता रहा आत्मअंगिनी।
स्वपति-पुण्य ही इष्ट था तुम्हें,
कटु मुझे, तथा मिष्ट था तुम्हें
प्रियतमे, तपोभ्रष्ट मैं? भला!
मत छुओ मुझे, लौट मैं चला।
तुम सुखी रहो हे विरागिनी,
बस विदा मुझे पुण्यभागिनी!
हट सुलक्षणे, रोक तू न यों
पतित मैं, मुझे टोक तू न यों
'विवश लक–' 'नहीं, ऊर्मिला हहा!'
किधर ऊर्मिला! आलि, क्या कहा?

फिर हुई अहा! मत्त ऊर्मिला,
सखि, प्रियत्व था क्या मुझे मिला?
यह वियोग या रोग, जो कहे,
प्रियमयी सदा ऊर्मिला रहे।

उन्मादिनी कभी थी,
विवेकिनी ऊर्मिला हुई सखि, अब है;
अज्ञान भला, जिसमें
सोहं तो क्या, स्वयं अहं भी कब है?
लाना, लाना, सखि तूली!
आँखों में छवि झूली।

आ, अंकित कर उसे दिखाऊँ,
इस चिन्ता से निष्कृति पाऊँ,
डरती हूँ, फिर भूल न जाऊँ,
मैं हूँ भूली भूली।
लाना, लाना, सखि, तूली!

जब जल चुकी विरहिणी बाला,
बुझने लगी चिता की ज्वाला,
तब पहुँचा विरही मतवाला,
सती-हीन ज्यों शूली।
लाना, लाना, सखि, तूली!

झुलसा तरु मरमर करता था,
झड़ निर्झर झरझर करता था,
हत विरही हरहर करता था,
उड़ती थी गोधूली।
लाना, लाना, सखि, तूली!

ज्यों ही अश्रु चिता पर आया,
उग अंकुर पत्तों से छाया।
फूल वही वदनाकृति लाया,
लिपटी लतिका फूली!
लाना, लाना, सखि, तूली!

सिर-माथे तेरा यह दान,
हे मेरे प्रेरक भगवान!
अब क्या माँगूँ भला और मैं फैला कर ये हाथ;
मुझे भूलकर ही विभु-वन में विचरें मेरे नाथ।
मुझे न भूले उनका ध्यान,
हे मेरे प्रेरक भगवान!
डूब बची लक्ष्मी पानी में, सती आग में पैठ,
जिये ऊर्मिला, करे प्रतीक्षा, सहे सभी घर बैठ।
विधि से चलता रहे विधान,
हे मेरे प्रेरक भगवान!
दहन दिया तो भला सहन क्या होगा तुझे अदेय?
प्रभु की ही इच्छा पूरी हो, जिसमें सबका श्रेय।
यही रुदन है मेरा गान,
हे मेरे प्रेरक भगवान!
अवधि-शिला का उर पर था गुरु भार,
तिल तिल काट रही थी दृग-जल-धार।

जयशंकर प्रसाद

जयशंकर प्रसाद आधुनिक हिन्दी कविता में 'छायावादी काव्य आन्दोलन' के जनक, प्रवक्ता और उन्नायक है। उन्होंने खड़ी बोली को काव्य-भाषा के रूप में अनिर्णय के प्रथम दौर से मुक्त करके उसे अद्भुत रूप से समृद्ध और अभिव्यक्ति सम्पन्न बनाया। उनकी काव्य-भाषा में गहरी अनुभूति सम्पन्नता और रोमांस का एक सांस्कारिक तेवर विद्यमान है। गोस्वामी की तरह ही प्रसाद भाषिक संक्षिप्तता और बिम्बात्मक क्षमता का मर्म पहचानने वाले कवि है।

'गीति तत्त्व' प्रसाद की कविता का दूसरा प्रमुख गुण है। अनुभूतियों की भीतरी झनझनाहट उनके गीतों से लेकर उनके महाकाव्य 'कामायनी' तक में समान रूप से विद्यमान है। प्रसाद अपनी कविताओं के माध्यम से मनुष्य जाति की उन्ही अनुभूतियों को चित्रित करते हैं जिनमें एक भीतरी करुणा का आवेश हो और जो शब्द का स्पर्श पाते ही संगीत की प्राणवक्ता से झंकृत हो उठें। 'झरना', आँसू और लहर के गीत इसका प्रमाण तो हैं ही, कामायनी की सम्पूर्ण अर्थवत्ता इसी गीत्यात्मक अनुगूँज से भरी हुई है।

प्रसाद का काव्य अपने सारे ऐतिहासिक, दार्शनिक और मिथकीय आवरण के बावजूद अपने वर्तमान में ही प्रामाणिक है। इतिहास, दर्शन और पुराण-कथाओं का उपयोग प्रसाद जी ने अपनी सांस्कृतिक धरोहर को पुनरुज्जीवित करने के लिए तो किया ही है, उसके माध्यम से अपने समय के भारतीय राष्ट्रीय स्वतन्त्रता आन्दोलन के मुख्य तेवर को पहचानने का काम भी वे करते है। इसीलिए उनकी कविताओं में राष्ट्रीयता का एक गहरा सरोकार विद्यमान है।

जयशंकर प्रसाद जी का जन्म 30 जनवरी, 1890 ई. वाराणसी के एक अत्यन्त समृद्ध और प्रतिष्ठित वैश्य-परिवार में हुआ था। उनके पिता का नाम श्री देवीप्रसाद जी तम्बाकू और सुँघनी का व्यापार करने के कारण वाराणसी में 'सुँघनी साहु' के नाम से प्रसिद्ध थे। परिवार सात्विक और धार्मिक संस्कारों का प्रसाद जी के ऊपर

बड़ा गहरा प्रभाव पड़ा। वे एक अत्यन्त संवेदनशील बालक थे। पिता के साथ उन्होंने कई बार धार्मिक और ऐतिहासिक तीर्थों की यात्राएँ भी की। यद्यपि प्रसाद जी ने स्कूल की नियमित शिक्षा केवल आठवें दर्जे तक प्राप्त की थी किन्तु उन्होंनं घर पर भारतीय इतिहास, संस्कृति दर्शन, साहित्य और पुराण-कथाओं का गहरा अध्ययन किया। साथ ही उन्होंने संस्कृत, अंग्रेजी और पालि-प्राकृत भाषाओं का भी निष्ठापूर्वक अध्ययन किया। उनका सारा साहित्य उनकी इसी गहन अध्ययन-शीलता का प्रतिफलन है। उसके साहित्य की पृष्ठ भूमि में जो एक गहरी करुणा और ऊर्जास्थित आशावाद का परलोक है, इतिहास और दर्शन की गुत्थियों को भेदकर मानव जाति और संसार के प्रति जो एक असम्भ्रमित आस्था का तेवर है, वही उन्हें एक महान लेखक के रूप में प्रतिष्ठित करता है। प्रसाद जी के निर्माण में उनके व्यक्तिगत जीवन की दुर्घटनाओं का कम योगदान नही हैं। 11 वर्ष की अवस्था में पिता की मृत्यु, 17 वर्ष की अवस्था में बड़े भाई श्री शम्भुरत्न जी की मृत्यु से घर-गृहस्थी का सारा भार अल्पायु में ही उनके ऊपर आ पड़ा। लेकिन जीवन की कटु यथार्थताओं ने उन्हें साहित्य-रचना से कभी भी विरक्त नहीं किया; बल्कि इसके प्रतिकूल उनके लेखन को और अधिक धारदार बनाया। उन्होंने अपने निजी यथार्थ-जीवन और रचनात्मक कल्पनालोक में अद्‌भुत संगति स्थापित की। इसी के फल-स्वरूप उन्होंने साहित्य में एक नवीन 'स्कूल' और नवीन जीवन-दर्शन की स्थापना की। वे छायावाद के संस्थापकों और उन्नायकों में सर्वश्रेष्ठ हैं। अपने 48 वर्षों के छोटे से जीवन-काल में उन्होंने कविता, नाटक, उपन्यास, कहानी और आलोचनात्मक निबन्ध, सभी विधाओं में समान रूप से उच्चकोटि की रचनाएँ प्रस्तुत कीं। उनका सम्पूर्ण साहित्य आधुनिक हिन्दी साहित्य का प्रामाणिक दर्पण है, जिसमें अतीत के माध्यम से वर्तमान का चेहरा झाँकता है। यह 14 जनवरी, 1937 को वाराणसी में विलुप्त हो गये।

'कामायनी' : श्रद्धा

जयशंकर प्रसाद को प्रारम्भ में कविता लिखने के लिए जो ढाँचा मिला वह चली आती हुई ब्रजभाषा काव्य परम्परा का रीति परक ढाँचा था, जिसमें विषय और विषय की अभिव्यक्ति का ढंग प्राय: निश्चित था। रामचन्द्र शुक्ल ने लिखा है कि "कुछ नूतन परम्पराओं के समावेश के अतिरिक्त काव्य की परम्परागत पद्धति में किसी प्रकार का परिवर्तन भारतेन्दु काल में न हुआ। भाषा ब्रजभाषा ही हरने दी गयी और उसकी अभिव्यंजना शक्ति का कुछ प्रसार न हुआ। काव्य की बँधी हुई प्रणालियों से बाहर निकलकर जगत् और जीवन के विविध पक्षों की मार्मिकता झलकाने वाली धाराओं में प्रवाहित करने की प्रवृत्ति न दिखाई पड़ी। द्वितीय उत्थान में कुछ दिन ब्रजभाषा के साथ-साथ चलकर खड़ी बोली क्रमशः अग्रसर होने लगी, यहाँ तक कि नई पीढ़ी के कवियों को उसी का समय दिखाई पड़ा। स्वदेश गौरव और स्वदेश प्रेम की जो भावना प्रथम उत्थान में जगायी गयी थी उसका अधिक प्रसार द्वितीय उत्थान में इुआ और 'भारत भारती' पुस्तक निकली। इस भावना का प्रसार तो हुआ पर उसकी अभिव्यंजना में प्रतिभा प्रगल्भता न दिखाई पड़ी। शैली में प्रगल्भता और विचित्रता चाहे न आई हो पर काव्य भूमि का प्रसार अवश्य हुआ।" (हिन्दी सा. का इतिहास 21वाँ सं. पृ. 463) प्रसाद के लेखन का प्रारम्भ इसी पृष्ठभूमि में होता है। उस समय हिन्दी में खड़ी बोली पद्य प्रवाह के तीन रास्ते खोले गये थे–उर्दू या फ़ारसी की बहरों का, संस्कृत के वृत्तों का और हिन्दी के छन्दों का। प्रसाद के प्रारम्भिक काव्य पर इन सबका प्रभाव दिखाई पड़ता है।

बीसवीं शताब्दी के प्रारम्भ में हिन्दी में कवि ब्रज और खड़ी बोली दोनों में लिखते थे। कविता के बदलाव की न केवल आवश्यकता महसूस हो रही थी, बल्कि पुराने विषयों और रीतियों को छोड़कर नये विषयों पर कविता लिखने की व्यापक बहस हिन्दी पत्र-पत्रिकाओं में छिड़ी हुई थी। भाषा और कविता की यह बहस 20वीं शताब्दी के प्रारम्भ में एक प्रकार से पुराने और नये के संघर्ष का परिणाम था। देश

वत्सलता के बजाये स्वदेशाभिमान और पराधीनता से मुक्ति का भाव धीरे-धीरे लोगों की मानसिकता को मथ रहा था। वर्तमान के सन्दर्भ में अतीत का उत्तेजक और उन्मादक उपयोग बंगला के प्रभाव और स्वानुभव से हिन्दी में भी हो रहा था। 1909 ई0 में 'इन्दु' की प्रस्तावना में जयशंकर प्रसाद जातीय उन्नति के लिए साहित्य की उन्नति और साहित्य की उन्नति के लिए भाषा सेवकों की उन्नति की प्रार्थना कर रहे थे। उनके लिए उस समय "जो कुछ मनुष्य को प्रार्थनीय, उन्नति का सहाय, धर्म साधक तथा उपकारी सो केवल साहित्य है। साहित्य का काई लक्ष्य-विशेष नहीं होता है और उसके लिए काई विधि का निबन्धन नहीं है, क्योंकि साहित्य स्वतन्त्र प्रकृति सर्वतोगामिनी प्रतिभा के प्रकाश का परिणाम है वह किसी की परतन्त्रता को सहन नहीं कर सकता, संसार में जो कुछ सत्य और सुन्दर है वहीं साहित्य का विषय है। साहित्य केवल सत्य और सौन्दर्य की चर्चा करके सत्य को प्रतिष्ठित और सौन्दर्य को पूर्णरूप से विकसित करता है।" (प्रसाद ग्रन्थावली भाग4 पृ. 431) प्रसाद जी जिस प्रकार की भावमयी उन्मादकारिणी, आपसे बाहर कर देने वाली, जातीय संगीतमयी, वृत्तस्फुरणकारिणी, आलस्य को भंग करने वाली, आनन्द, बरसाने वाली, धीर-गम्भीर पद विक्षेपकारिणी, शान्तिमयी कविता की आवश्यकता (दे. कवि और कविता प्रसाद ग्रन्थावली, पृ. 446) तीव्रता ने महसूस कर रहे थे वह उनके समय की तीव्रतर माँग थी। श्रीधर पाठक, मिश्रबन्धु, महावीर प्रसाद द्विवेदी और रामचन्द्र शुक्ल नायिकाओं को केन्द्र में रखकर लिखी गयी शृंगारपरक या अलंकारों से लदी हुई कविताओं की परम्परागत पद्धति को छोड़ देने का आग्रह कर रहे थे। सबको लग रहा था कि पाश्चात्य शिक्षा, स्वाधीनता की बढ़ती हुई आकांक्षा, सुधार की पुकार, अनुभवों को व्यक्त करने की इच्छा, दुनिया भर में सामन्तवाद और साम्राज्यवाद के विरोध और परिवर्तन की पुकार से समाज की सोच-समझ और संवेदना बदल रही है। भटट् भड़न्त, भक्ति और शृंगार आदि इस नये भाव के सामने अरुचिकर लग रहे थे। लोग बंगला और अंग्रेजी कविताओं के समान कविताएँ चाहते थे। वे कविताओं में स्वदेश तो देखना ही चाहते थे नया अप्रस्तुत विधान भी चाहते है। नये विषय के अनुकूल नयी भाषा और नया अभिव्यक्ति विधान चाहते थे। उर्दू, अंग्रेजी और बंगला की अकराहट से हिन्दी में भी अनेक स्तरीय जातीयता के साथ ही साथ पश्चिम की टकराहट के कारण भावना और बौद्धिकता के समन्वय की आवश्यकता हृदय और बुद्धि के साथ-साथ रहने या रखने के नाम पर महसूस की जा रही थी। पुराने मिथकों और कथानकों पर मोहविष्टता के बावजूद वर्तमान की छाया पड़ने लगी थी। कण-कण में भगवान की जगह अब मनुष्य को सर्वत्र अपनी ही छाया दिखाई पड़ने लगी थी। राधा लोक सेविका ही नहीं हुई थी, कुटी में

भगवान आये ही नहीं थे बल्कि प्रकृति का कण कण प्राणवान और फिर मानवीय हो गया था। पहले सब कुछ ईश्वरीकृत था फिर ईश्वरमय हुआ और छायावाद में मानवीकृत हो गया। परिवर्तन के इस युग में जब हम देश के रूप में ही नहीं, बल्कि एक राष्ट्र के रूप में भी जग रहे थे तभी प्रसाद ने, जो एक सामन्ती संस्कृति के श्रेष्ठि परिवार से आये थे, जिनके पूर्वजों को लोग सम्मान से जय महादेव कहकर सम्मान देते थे, जिनके यहाँ वर्ष में एक बार घर के सामने शिवालय में नर्तकियों का नृत्य होता था, जिनके वंश की कलाविलासिता और मर्मज्ञता को देखकर कामसूत्र के नागरक प्रकरण की याद आती थी-लिखना प्रारम्भ किया। कवि और कविता निबन्ध में उन्होंने ऐसे ही नहीं शेक्सपियर, कालिदास और आलम को स्मरण किया है।

'सरस्वती' के द्वारा प्रवर्तित अभिरुचि और काव्य शैली से भिन्न कविता की आवश्यकता महसूस करते हुए वे लिखते हैं कि "सरस्वती हिन्दी में एक बहुमूल्य पत्रिका है और उसका आदर भी है। पर क्या उसके सब अंश सबके मनोनीत होते हैं। कोई उसके मद्य लेखों पर प्रसन्न है, तो कोई चित्रों पर, कोई उसके रूप पर प्रसन्न है तो कोई उसकी छपाई पर। अधिकांश महाशय ऐसे हैं जो चित्र और गल्प तक ही रह जाते हैं, उसकी कविता कामर्म समझने की बात तो दूर उस पर ध्यान भी नहीं देते। यह क्यों, छन्द विषयक अरुचि है?" इसका कारण यह है कि सामयिक पाश्चात्य शिक्षा का अनुकरण कर जो समाज के भाव बदल रहे हैं, उनके अनुकूल कविताएँ नहीं मिलती और पुरानी कविता को पढ़ना तो महादोष सा प्रतीत होता है क्योंकि उस ढंग की कविता बहुतायत से हो रही है।" संवेदना के परिवर्तन और उसके कारण का संकेत करते हुए प्रास नये प्रकार की कविता की आवश्यकता महसूस कर रहे हैं। ऐसी कविता जो खड़ी बोली काव्य भाषा में तो हो ही 'सरस्वती कलम' से भिन्न भी हो। इस भिन्नता के लिए उनकी कविता को जितनी व्यापक यात्रा करनी पड़ी है उसके पदचिह्न उनकी कविताओं में हैं।

'अभ्युदयशील जनतावाद' के उस युग के वातावरण को आचार्य नन्ददुलारे वाजपेयी ने सामूहिक पवित्रतावादी सोत्साह पूर्ण वातावरण मानते हुए लिखा है कि "ब्रजभाषा में उस समय शृंगारिक समस्यापूर्तियाँ हो रही थीं, जिनके विरुद्ध खड़ी बोली में एक आन्दोलन ही चल उठा था। इस समस्यापूर्तियों में ऊपरी हावों-भावों, बाहरी मुद्राओं और स्थूल इंगितों की ही प्रधानता रहती थी। उधर उन लोगों ने शृंगार के अतिरिक्त सब कुछ अस्पृश्य समझ लिया था और उसे कोरे शारीरिक वर्णनों तक ही सीमित रखा। इधर इन लोगों ने शृंगार को ही अस्पृश्य समझ लिया और उसका या तो त्याग ही कर दिया या उसे उपदेशात्मक काव्य का विषय बना डाला। ये लोग प्राचीनतावादी हो गये और वे लोग नवीनतावादी। उन लोगों को यह शऊर नहीं था

कि शृंगार का संस्कार करते। इन लोगों को शृंगार नाम से ही इतनी चिढ़ हो गयी थी कि उसके संस्कार की कल्पना भी न कर सके, एक प्रकार का द्वन्द्ध युद्ध चल रहा था जिसमें विवेक का प्रायः दोनों ओर से अभाव था।" (हिन्दी साहित्य बीसवीं शताब्दी, पृ. 132)। इसी सन्दर्भ में आचार्य शुक्ल का और महावीर प्रसाद द्विवेदी का उद्धरण भी दे रहा हूँ जिनसे प्रसाद और छायावाद का परिप्रेक्ष्य भी स्पष्ट हो जायेगा और उसी नवीनता या परिवर्तन का भी स्वरूप स्पष्ट होगा जो न केवल छायावाद में बल्कि प्रगतिवाद में भी घटित हुआ। छायावाद के जन्म के समय जिन शुभ ग्रहों की दृष्टि थी और विदेशी पूँजी के परिणामस्वरूप पड़ता हुआ वह अशुभ प्रभाव भी था जिसका प्रमाण 'स्वदेशी' और हिन्द स्वराज्य में मिलता है।

प्रसाद की कविताओं में प्रारम्भिक कुछ कविताओं को छोड़कर जो 'चित्राधार' के पहले संस्कार में ही संकलित थीं और कलाधरनाम से ब्रजभाषा में लिखी गयी हैं 'स्वानुभूति' का प्रसार, रूपकात्मकता, सामाजिक धार्मिक रूढ़ियों के प्रति विद्रोह, व्यापक उदारतावादी मूल्य परक आग्रह, वैयक्तिक प्रेम की अकुण्ठ अभिव्यक्ति और आत्मानुभव को अभिव्यक्त करने तथा दूसरे तक पहुँचाने के लिए आवश्यक शब्द चयन के प्रतिसजगता मिलती है। प्रारम्भिक कुछ कविताओं में रम्यता के प्रति चाहे वह प्रकृति की हो या शरीर की, भावुक आकर्षण है, पागल कर देने वाली आपे से बाहर कर देने वाली आवेगमयता और मिलने की शारीरिक आतुरता है, जो कहीं-कहीं प्रकृति में भी चैतन्य के संचार के रूप में व्यक्त हुई है। वैसे तो उस दौर में श्रीधर पाठक के 'एकान्तवासी योगी' के प्रभाव से रामनरेश त्रिपाठी, रूपनयाण पाण्डे, मैथिलीशरण गुप्त आदि अनेक कवि प्रेम पर ही सिख रहे थे परन्तु प्रसाद की प्रेम पथिक के पहले की कविताओं में प्रेम की यह अभिव्यक्ति द्विवेदीयुगीन मर्यादित आदर्शवादित, से नितान्त भिन्न है। 'कानन कुसुम' में संकलित 'गंगा सागर', 'प्रियतम', 'मिलजाओ गले', 'नहीं डरते', 'हाँ सारथे रथ रोक दो', 'दलित कुमुदिनी', 'मलिना' कविताएँ प्रमाण है। 'कानन कुसुम' के प्रारम्भ में ही प्रसाद जी का निवेदन न केवल नया है, बल्कि कानन कुसुम की कविताओं के बारे में कवि का क्या दृष्टिकोण है इस पर प्रकाश डालता है।

प्रारम्भिक प्रकृति वर्णनों में सौन्दर्य मात्र के प्रति आकर्षण के भाव तो कुछ द्विवेदी युगीन सपाट बयानी शैली में भी हैं, परन्तु वे नाम परिगणनात्मक न होकर एक विशेष कोण से चुने हुए दृश्यों के वर्णन हैं। जैसे 'शरद पूर्णिमा' में दृश्य के साथ-साथ उसका प्रभाव भी संकेतित है, जबकि 'सन्ध्यातारा' में मुख्य वर्णन के भीतर से ही एक अमुख्य वर्णन भी झाँक रहा है, जो तारा को चिन्मयीकृत कर रहा है, 'संध्या सुकुमारि', 'आशासम', 'तरुणि सुमिरि' प्रभास मिलन आशा, संसार

तरंग लखि भीत आदि प्रयोगों के द्वारा अनेक अर्थों का संकेत भी कर रहा है। अर्थ का यह अन्तरण व्यंजना से 'सन्ध्यातारा' में अर्थग्राम का निर्माण करता है मसलन, संयोग, प्रेम, मिलन, निराशा से मुक्ति; काले वालों से घिरे चिमुर जाल के भीतर मणि के समान देदीप्यमान मुख आदि के हारा अनेक स्मृतियों और वेदनाओं का सन्निवेश करके उसे आधुनिक अर्थ में एक बिम्बमयता प्रदान की गयी है। द्विवेदी युगीन प्रकृति वर्णन 'शरद पूर्णिमा' से भिन्न यह नवीन संकेतात्मकता ही प्रसाद को अपने समय का नया कवि बनाती है। उसे 'छायावाद' कहना चाहें तो कहा जा सकता है परन्तु चित्राधार में संकलित यह कविता परम्परा में प्रयोग की कविता नहीं है परम्परा के प्रयोग की कविता है, जो परम्परा को नया अर्थ देती हैं–उसे अपने समय के अनुभव के सन्दर्भ में प्रयुक्त करती है। वह परम्परा प्रदत्त संसाधनों को वर्तमान आवश्यकताओं के अनुकूल इस्तेमाल करती है। सुमित्रानन्दन पन्त ने लिखा है कि "छायावाद से पहले खड़ी बोली का काव्य भाव तथा भाषा की दृष्टि से बिल्कुल दरिद्र था। छायावाद ने उसमें अँगड़ाई लेकर जागते हुए भारतीय चैतन्य का भाव भरा। विश्वबोध के व्यापक आयाम, लोकमानव की नवीन आकांक्षाएँ जीवन प्रेम से प्रेरित परिष्कृत अंहता का मांसल सौन्दर्य परिधान पहले पहल उसी ने हिन्दी कविता को प्रदान किया।" (सुमित्रानन्दन पन्त ग्रन्थावली भाग 6, पृ. 196, द्वि. सं.) 'जीवन प्रेम से प्ररित परिष्कृत अहन्त का यह मासल सौन्दर्य परिधान' पहल पहला प्रसाद के कानन कुसुम की कुछ कविताओं में मिलता है। यह सही है कि 'चित्राधार' में संकलित 'मकरन्द बिन्दु' के अन्तर्गत संकलित घनाक्षरी और पदों में भारतेन्दु, रत्नाकर, आलम की ध्वनियाँ हैं परन्तु अधिकांश ध्वनियों में समय की सहृदयता और विचार विमर्श का प्रतिध्वनियाँ भी है; जिनका विकास बाद में उपन्यासों और कहानियों में अधिक विस्तार से तथा 'कामायनी' में अधिक कहरे स्तर पर 'संकेत' की तरह हुआ है इस प्रकार के प्रयोगों में द्विवेदी युगीन 'मानवतावादी' धारणा के साथ भक्ति कालीन समदर्शिता, अनुभवैक गम्यता और प्रेम मात्रता, समानता आदि की रहस्यात्मक आध्यात्मिकता भी है।

प्रसाद की 1918 ई. में प्रथम प्रकाशित रचना 'चित्राधार' के प्रथम संस्कारण में 'ब्रजभाषा' और खड़ी बोली में लिखी 'कलाधर' और 'प्रसाद' छाप की कविताएँ एक साथ संकलित हैं परन्तु 1928 ई0 में प्रकाशित दूसरे संस्करण में केवल ब्रजभाषा की ही रचनाएँ हैं। इन रचनाओं में भक्ति, विनय और प्रेम की कविताओं के अतिरिक्त ऐसे विषयों पर भी कविताएँ हैं जा 'वस्तु बोध' के तर्क से भावबोध के क्षेत्र में पड़ती हैं और अपनी प्रकृति और वर्णन से नयी हैं। चित्राधार में प्रसाद ने 'कथामूलक भाव' वाली कविताएँ तथा 'भावमूलक कविताएँ' दोनों रखी हैं। प्रसाद

जी ने 1908 में इन्दु में प्रकाशित 'कवि और कविता' लेख में भावपूर्ण कविता को हृदयग्राही माना है और यह कहा है कि 'चित्त की वृत्तियाँ जो मानव हृदय में हुआ करती हैं उन्हें भाव कहते हैं।' यद्यपि प्राचीन साहित्य में इनको रस के अन्तर्गत 'संचारी' तथा 'स्थायी' नाम से स्थान मिला है पर वे भाव उतने ही में पूरे नहीं हो सकते, वे केवल उसके स्थूल तथा प्रधान भेद हैं और बहुत से चित्त के विकास जो अच्छे और बुरे सूक्ष्म रूप से हैं, समयानुकूल या कार्यवश उत्पन्न हुआ करते हैं, उनमें जो अच्छे हैं, उन्हें उत्कर्ष देना तथा दुर्वृत्तियों को दमन करना भावमयी कविता का मुख्य कार्य हैं...भावमयी कविता प्रायः दो प्रकार की दिखाई देती है, जैसे कि 'कथामूलक भाव' और 'भावमूलक कविता'। इन्दु कला–2 किरण–1 श्रावण शुक्ल–2 संवत् 1967 (1910 ई.) में ही भावात्मक कविता का सुन्दर और सटीक उदाहरण 'सान्ध्य तारा' भी छपी है जिसका छायावादी कविताओं के अर्थ संकेतों और प्रतीकों में अर्थ सन्निधान का कलात्मक और रचनात्मक मूल्य है। इस प्रकार की स्थापना के आधार स्वयं प्रसाद ने कालिदास, शेक्सपियर और आलम की कविताओं से दिये हैं। कालिदास कृत 'मेघदूत' अमरूक शतक भाव कविता के उत्कृष्ट प्रमाण हैं।

चित्राधार में संकलित 'कथा मूलक' भाव वाली कविताएँ कुल तीन हैं–'वन मिलन', 'अयोध्या का उद्धार' और 'प्रेमराज्य' परन्तु इस प्रकार की आख्यानात्मक कविताएँ वे 1936 ई. तक लिखते रहे हैं। 'पेशोला की प्रतिध्वनि' और 'प्रलय की छाया' भावमूलक कविता का बनावट और बुनावट के शब्द और अर्थ की स्पर्धा की दृष्टि उदाहरण हैं। 'महाराण का महत्त्व' और 'प्रेमपथिक' जो चित्राधार के प्रथम संस्करण में छपी थी बाद में स्वतन्त्र भी छपी प्रसाद के 'कलात्मक और रचनात्मक विकास' के लिए आवश्यक है। आख्यान कविताओं से ही उन्होंने कलात्मक संयम प्राप्त किया। एक प्रकार से ये रचनाएँ उनकी काव्य साधना के सोपना हैं।

'अयोध्या का उद्धार' और 'वन मिलन' कालिदास के 16वें सर्ग और 'आभिज्ञान शाकुन्तल' के प्रकरणों पर आधारित हैं। 'अयोध्या का उद्धार' में (इन्दु 10वीं किरण सं. 1987 में प्रकाशित) अयोध्योद्धार नामक शीर्षक से कथा में कुछ नवीनता और आधुनिक दुष्टि से औचित्य परकता अवश्य हैं परन्तु कलात्मक दृष्टि से वे पूर्णतः इतिवृत्तात्मक ही हैं। प्रसाद ने रघुवंश की कथा के नाम प्रसंग को इसमें एक शासक के रूप में रूपान्तरित करके कुश और नागराज का युद्ध और अन्ततः नागराज का अपनी बेटी कुमुदती सहित समर्पण वर्णित करके रघुवंश की कथा की पौराणिकता को ऐतिहासिकता प्रदान किया है। रघुवंश के 16वें ससर्ग में वर्णन इस प्रकार का है कि अयोध्या में कुछ दिन राज करने के बाद जब एक दिन कुश रानियों सहित सरयू

नदी में जल विहार कर रहे थे तो उनका जैत्र जो पिता राम द्वारा उन्हें दिया गया था आर राम को अगस्त्य ने दिया था नदी में खो गया। खोजने पर न मिलने पर किसी ने यह सुझाव दिया कि नदी में रहने वाले कुमुदनाग ने चुरा लिया होगा। क्रोध में कुश प्रत्यचा खींचने ही जा रहे थे कि नागराज अपनी कन्या कुमुद्वती सहित उपस्थित हुआ और आभूषण देकर अपनी कन्या को पत्नी रूप में स्वीकार करने की प्रार्थना की। प्रसाद द्वारा किया गया कथागत परिवर्तन प्रसाद को नवोन्मेषशालिनी प्रतिभा की ओर संकेत करता है। कालिदास के कथाक्रम में विश्वसनीयता और सम्भाव्यता की दृष्टि से परिवर्तन करना इस तथ्य को रेखांकित करता है कि वे यथा स्वीकृति और यथास्थिति वाले रचनाकार नहीं थे।

इन्दु 1, 'छठी किरण में सम्वत् 1966' वनवासिनी बाला' शीर्षक से प्रकाशित 'वन मिलन' में प्रसाद की कल्पना और वर्णनात्मक क्षमता अधिक विकसित है। 'अयोध्या का उद्धार' की तुलना में नवीनता भी अधिक है। प्रसाद ने इसमें प्रियम्वदा और अनसूया के उलाहने के अतिरिक्त आश्रम और नगर, तथा सहजता और बनावट के द्वैत का उपयोग करते हुए एक तनाव भी उत्पन्न करने का प्रयत्न किया है। आश्रम चित्रण में भी विस्तार और सांकेतिकता है। शाकुन्तल के अन्त में मरीचि गालव को कण्व ऋषि को शकुन्तला के सुखी जीवन की सूचना पहुँचाने के लिए आदेश देते है। इस संकेत के आधार पर प्रसाद ने प्रेम, स्नेह की कथा का कल्पना से विकास किया है। कालिदास प्रकृति प्राणी और मनुष्य की पारस्परिकता का संकेत करते हैं तो प्रसाद मानवीय मूल्यवत्ता आविष्कृत करते है।

'प्रेम राज्य' विजय नगर और अहमदाबाद के बीच हुए टालीकोट युद्ध की ऐतिहासिक घटना को केन्द्र में रखकर लिखा गया 'वीरगाथा' काव्य है। विजयनगर नरेश महाराज सूर्यकेतु अपने पाँच वर्षीय बालक चन्द्रकेतु को भील राज को देकर युद्ध में जाते हैं और अपने शौर्य यवन-सेना को परास्त करने के बाद अपने ही सेनापति द्वारा धोखे से मारे जाकर वीरगति को प्राप्त करते हैं। पूर्वार्ध के हिस्से में प्रसाद राष्ट्रीय भावना को मूल्य के रूप में स्थापित करते हैं। 'प्रायश्चित्त' नाटक और 'प्रेमराज' के पूर्वार्ध की तुलना देशभक्ति या स्वदेशानुराग की दृष्टि से की जा सकती है। दोनों ही रचनाओं में प्रायश्चित्त का भाव है और दोनों में ही 'देशद्रोह' को घोर घातक माना गया है। इस खण्ड के कुछ उद्धारण नवजागरण कालीन स्वदेशाभिमान के प्रमाण के अलावा राष्ट्रीय संग्राम के प्रति प्रसाद के उस दृष्टिकोण को भी स्पष्ट करते हैं, जो बाद में उनके नाटकों की अन्तर्वस्तु बना है।

'प्रेम पथिक' 1909 ई. में इन्दु में ब्रजभाषा में प्रकाशित हुआ था, बाद में इसका परिमार्जित और परिवर्धित खड़ी बोली संस्करण नवम्बर 1914 में 'प्रेम पथ' नाम से

और उसका अपशिष्ट अंश दिसम्बर 1914 में 'चमेली' शीर्षक से प्रकाशित हुआ। 'प्रेम पथिक' में विवाह को नारी स्वतन्त्रता के अपहरण का न केवल कारण माना गया है बल्कि बड़े ही सहज ढंग से तापसी यानी चमेली की कथा के माध्यम से पुरुष प्रधान पितृसत्तात्मक व्यवस्था में चमेली या नारी मात्र की स्थिति का संकेत किया गया है।

'कानन कुसुम' में 'चित्रकूट', 'भरत', 'शिल्प', 'सौन्दर्य', 'कुरुक्षेत्र', 'वीर बालक' और 'श्रीकृष्ण जयन्ती' आख्यानक कविताएँ हैं। इन आख्यानों का प्रयोग प्रसाद ने अपने समय के महत्त्वपूर्ण सामाजिक-सांस्कृतिक प्रश्नों के स्वानुभूत उत्तरों के लिए किया है। हर प्रकार की पराधीनता से मुक्त कैसे हो इस प्रकार का प्रश्न सर्वप्रमुख हैं। स्पष्टत: इनमें चित्रकूट सम्भवत: तुलसीदास कृत 'रामचरितमानस', भरत कालिदास कृत 'शाकुन्तल' और कुरुक्षेत्र महाभारत या गीता के कथाओं पर आधारित हैं। 'शिल्प सौन्दर्य' और 'वीर बालक' ऐतिहासिक तथ्यों पर आधारित हैं। प्राय: सभी भाषा-प्रवाह प्रकृति चित्रण और भाव सम्पदा की दृष्टि से ये द्विवेदी युगीन परम्परा की विकास ही हैं विलयन नहीं। 'चित्रकूट' में राम, लक्ष्मण और सीता के गार्हस्थ्य जीवन और पारिवाारिकता का वर्णन है। प्रकृति की सहज स्थिति और गति का कहीं रूपकात्मक परन्तु प्राय: सहज वर्णन है। इस प्रकार के वर्णनों में प्रसाद दुखी मनुष्यों को नहीं भूलते हैं। इस प्रकार के प्रयोग रचना के स्तर पर संवेदनात्मक पविर्तन की ओर संकेत करते हैं। शरीर स्पर्श से लजाना और छेड़छाड़ से चिटकना का प्रयोग नवीन ही नहीं मौजू भी है।

'भरत' 1913 में इन्दु में छपा था। भारत महिम और स्वदेश प्रेम ही इसका उद्देश्य है। यह भी किसी बड़े कवि के प्रारम्भिक कौशल का ही प्रमाण है। प्रारम्भ की दो पंक्तियाँ ही महत्त्वपूर्ण हैं शेष तो एक बालकथा का पद्यमय रूपान्तरण है।

'वीर बालक' औरंगजेब द्वारा जोरावर और फतहसिंह को दीवार में चुनवाने की कथा पर आधारित है। इसमें भी अन्ध धार्मिकता के भयावाह रूप की निंदा है। इस घटना का प्रयोग कवि ने जागरण के लिए किया है, जो नवयुवकों के संकल्प, साहस और आत्मबलिदान को प्रेरणा दे। रचना में कलात्मक मूल्य तो नहीं है हाँ कुछ कथनो में रचनात्मक मूल्य हो सकते हैं।

'झरना' का पहला संस्करण 1918 ई. में प्रकाशित हुआ, जिसमें कुल 24 ही कविताएँ थी। नौ वर्ष बाद जब दूसरा संस्करण 1927 ई. में निकला जिसमें आचार्य शुक्ल के अनुसार आधी से ऊपर 33 रचनाएँ और जोड़ी गयीं, जिनमें पूरा रहस्यवाद, अभिव्यंजना का अनूठापन, व्यंजक चित्रविधान सब कुछ मिल जाता है। विषाद, बालू की बेला, खोलो द्वार, बिखरा हुआ प्रेम, किरण, वसन्त की प्रतीक्षा आदि उन्हीं पीछे जोड़ी गयी रचनाओं में हैं, जो पहले संस्करण में नहीं थी।

‘आँसू’ के1925 में प्रकाशित पहले संस्करण, जिसमें 126 छन्द हैं और 1933 में इलाहाबाद से प्रकाशित दूसरे संस्करण जिसमें 190 छन्द हैं में विधान जागरूकता ‘मधुमयी प्रतिभा’ और ‘जागरूक भावुकता’ की दृष्टि से काफी अन्तर है। एक प्रकार से ‘भ्रमरगीत’ या ‘रासपंचाध्यायी’ के समान ‘गीति प्रबन्ध’ लगता हैं। ‘आँसू’ एक ऐसा विरह काव्य है जिसका प्रारम्भिक अंश लगभग वियोग शृंगार की तरह है। नखशिख वर्णन, विभावन व्यापार, यहाँ तक कि रीतकालीन रूढ़ उपमान योजनाओं तक का उपयोग कवि ने किया है परन्तु आत्म सान्त्वना के कारण धीरे-धीरे वेदना सामान्यीकृत होते-होते सारे संसार के ‘चिरदग्ध दुखी’ व्यक्तियों तक पहुँच कर ‘लोक पीड़ा’ का रूप धारण कर लेती है। वह आँसू को ‘सदा सुहागिन’ और मानवता के सिर की रोली कहता है। आँसू में प्रसाद एक प्रकार की मुक्ति भी खोजते हैं। वे उसमें समरसता और विषमता की दृष्टि से स्वप्न और जागरण, मृत्यु और अमरता के सनातनरव की खोज कर अपने को और अपने जैसे दूसरों को इस दु:ख से जगाना चाहते हैं। वे चाहते हैं कि निर्मम संसार को मंगलमय उजाला प्राप्त हो।

‘प्रलय की छाया’ में रूप के माध्यम से अलाउद्दीन जैसे सम्राट को पराजित करने का भी एक दृश्य है, जिसमें मानिक द्वारा गुर्जरेश की आज्ञा बताने के बाद वह अपना जीवन समाप्त नहीं करता है, बल्कि अपने भीतर रूप के माध्यम से भारतेश्वरी का पद प्राप्त करने की लालसा का बयान भी करता है। जीवन की धूसर सन्ध्या में जब उसे नीच परिवारी मानिक जिसे उसने अपने को समर्पित करके दबी हुई लालसाओं की पूर्ति की स्वभाविक अभिव्यक्ति के रूप में बचाया उसे पश्चात्ताप होता है। उस बिन्दु से जबवह अतीत को देखती है तो उसे अपनी कमजोरी, विवशता, लालसा, मानवता के आत्म सम्मान की विजय आदि सब बात याद आते हैं। उसे मानव जीवन प्राप्त करने के (बड़े भाग मानुष तन पावा) के सौभाग्य और उसकी असभ्यता की स्मृति भी कौधती है। इस स्वीकृति की विडम्बना भी यही है कि यह बोध आत्महत्या के कारण पैदा होता है। नियति के क्रूर व्यंग को ही तो विडम्बना कहते हैं।

• ‘कामायनी’ प्रसाद की ही रचनात्मक निष्पति नहीं है, एक अर्थ में छायावादी काव्य दृष्टि की भी रचनात्मक निष्पत्ति है। वह अनेक दिशाओं में फैलने वाले प्रकाश की तरह से बहु संकेती रचना है। बहु संकेती इस अर्थ में नहीं कि प्रत्येक संकेत का दूसरे से कोई रिश्ता ही न हो बल्कि इस अर्थ में कि प्रत्येक संकेत अपने में संकेतित और संकेतक भी है। 15 सर्गों में विभक्त ‘कामायनी’ के विधान में महाकाव्य की स्थापित परिभाषाओं से सहेतुक विचलन है। इस विचलन का कारण प्रसाद का कालबोध और कलाबोध दोनों है। महान रचनाओं से दोनों का निविड़ रिश्ता होता

है। कई वर्षों की रचनात्मक साधना का परिणाम कामायनी है, यह तो उनकी समस्त रचनाओं के समग्र बोध के आधार पर तो कहा ही जा सकता है। कतिवओं, नाटकों, कहानियों और उपन्यासों–में प्रयुक्त काव्य समयों और कहानी समयों के आधार पर भी कहा जा सकता है। प्रारम्भ से हीवे आत्मानुभव के प्रकाश में चीजों को देखने के आदी थे। स्वानुभूतिमयी वेदना की विवृत्ति ही उन्हें यथार्थ का विस्तार लगती रही है। संसार को और अपने समय को परिभाषित करने का छायावादी मुहावरा अपने दर्द के प्रकाश में से सार के द्वन्द्व को समझने और समझाने का आग्रही रहा है। 'कामायनी' में यह जीवन दृष्टि एक प्रकार की फन्तासी जैसा कि मुक्तिबोध का मानना है के द्वारा प्रदीप्त होती है। प्रेमराज्य और प्रेम पथिक का प्रारम्भिक या वांछित लोग धीरे-धीरे आत्मविस्तार के कारण कामायनी में एक आकर ग्रहण करता है। इस अर्थ में कामायनी मनु मानव मन और देवासुर के द्वन्द्व की ही कथा नहीं है बल्कि इन सबकी कथा ही वह इसलिए है कि वह अनके समय के मानवीय संकट को जानते, पहचानने और उससे मुक्त होने के सहारे आत्म संघर्ष या मानवीय संघर्ष की निष्कर्षात्मक कृति है। लेखक ने उसे कामायनी में ही चिह्न और पाया है–'कामायनी' से बाहर नहीं। इसमें अनेक अन्तर पाठ है। आनन्द सर्ग को उसका निष्कर्ष मानना कृति के साथ अत्याचार है। कृति तो वह पूरे विधान में है। निराला ने कहा है कि फूल की सुन्दरता और सुगन्धित पेड़ के पत्तों, शाखाओं आदि के साथ ही है जिसमें उसका पतझड़ भी शामिल है।

'कामायनी' का रचना विधान जैसा कि प्रो. रामस्वरूप चतुर्वेदी ने कहा है कि 'रूपक कथा' जैसा नहीं है–एलियट ने दाँते के डिवाइन कामेडी के विवेचन में एलेगरी और रूपक के महत्त्वपूर्ण अन्तर की ओर संकेत किया है। " 'कामायनी' के विधान की यह मौलिक विशेषता है कि यहाँ पूरी रचना का अर्थ एक नहीं है पर रीतिकालीन श्लिष्ट काव्य की तरह दो अलग अर्थ भी नहीं है वरन् एक ही अर्थ के दो स्तर अपने तनाव और संश्लेष से एक वृहत्तर अर्थ की सृष्टि करते हैं"–कामायनी का पुनर्मूल्यांकन, पृ. 20। इस प्रकार के विधान में अर्थ का विवेचन अनेक स्तरों पर बनावट और बुनावट, बयान और बखान के अपने तनावों से भी होता रहता है बल्कि कहा जा सकता है कि जहाँ शब्द और अर्थ का एकसा स्पर्धा भाव हो वहाँ जितनी सीमा तक यह स्पर्धा भाव रहता है, उतनी सीमा तक सृजनात्मकता रहती है। कामायनी में घटनाओं के जो संकेत हैं, वे घटनाओं और अनुभवों के विवरण की शृखलाओं के संकेतक हैं। इसलिए 'कामायनी' जैसी रचना पढ़ते-समय पाठक को स्वयं कल्पनाशील होना पड़ता है, अपने को रचना ग्रहण करने के योग्य बनाना पड़ता है। अर्थात् स्वयं रचनाकार बनना पड़ता है। महान रचनाएँ पाठक

को इसी अर्थ में कल्पनाशील और रचनात्मक बनाती हैं। कामायनी में यह गुण है। रिक्त स्थानों की पूर्ति करनी पड़ती है। 'अणिमा' और 'गरिमा' की यह एकान्विति कामायनी में प्राय: है। यह आश्चर्य है कि 'कामायनी' की बनावट में तो कसाव है परन्तु कथ्य की दृष्टि से काफी लौकिकता। एक प्रकार से भारतीय कला विश्व के दोनों चरण 'कामायनी' में एक साथ उपलब्ध है। प्रतीयमान रूप और उससे व्यंग अर्थ या भाव दोनों ही रचना में महत्त्वपूर्ण है।

'कामायनी' में स्वयं कामायनी नाम भी कम प्रतीकात्मक नहीं है। कर्म सर्ग से पहले 'कामायनी' का प्रयोग नहीं होता है। पाण्डुलिपि संस्करण में यज्ञ सर्ग जो बाद में लेखक द्वारा कर्म कर दिया गया होगा जैसा कि युद्ध का संघर्ष कर दिया गया। इसमें पृ. 48 पर पहली बार 'श्रद्धा' के स्थान पर काट कर 'कामायनी' किया गया है, यद्यपि कामायनी के प्रकाशित संस्करण में और भी सार्थक ढंग से परिवर्तित पंक्ति में छपा है।

"पूर्व रूप-लेट रही श्रद्धा थी अपना कोमल चर्म बिछा के
श्रम मानो विश्राम कर रहा मृदु आलस को पा के"

पाण्डुलिपि में संशोधित–

लेट रही कामायनी अपना कोमल चर्म बिछा के
श्रम मानो विश्राम कर रहा मृदु आलस को पो के

प्रकाशित रूप-कामायनी पड़ी थी अपना
कोमल चर्म बिछा के
श्रम मानो विश्राम कर रहा
मृदु आलस को पा के

'यज्ञ' सर्ग में ही प्रकाशित संस्करण में "कामायनी जगी थी कुछ-कुछ खोकर सब चेतना' के स्थान पर पहले निशि में जाग पड़ी थी श्रद्धा 'खोकर सब चेतनता' था। पाण्डुलिपि संस्करण और प्रकाशित प्रथम संस्करण में अनेक स्थलों पर अन्तर है। यह अन्तर अत्यंत महत्त्वपूर्ण हैं। मसलन यज्ञ और युद्ध सर्ग के स्थान पर क्रमश: कर्म और संघर्ष नामकरण मानवता के विकास की दृष्टि से महत्त्वपूर्ण और आधुनिक हैं। ऐसा भी लगता है कि प्रारम्भ में प्रसाद जी इसका नाम 'श्रद्धा' रखना चाहते थे बाद में सोच कर 'कामायनी' रखा। कामायनी नाम उनके रचना विधान के भीतर मोती की तरह से झलकते हुए कान्ति गुण के लिए और अर्थ वृत्त की व्यापकता की दृष्टि से आधुनिक संवेदना के लिए उपयुक्त और संकेत परक था।

कर्म सर्ग का परिवर्तन भी कामगोत्रजा आकर्षण और सौन्दर्य को ध्यान में रखकर किया गया है। यद्यपि रचना विधान में श्रद्धा ही सर्वत्र है। कामायनी का नामकरण भूमिका के बाद का लगता है।

पाण्डुलिपि में प्रकाशन के पूर्व किये गये परिवर्तन रचना के अधिक वैश्विक या मानवीय गाथा बनाने की इच्छा को प्रमाणित करते हैं। कामायनी अपने समय के मनुष्य के भौतिक और आध्यात्मिक प्रश्नों का उत्तर देने का एक मानवीय प्रयत्न है।प्रसाद ने कामायनी में मनुष्य की अतृप्ति और कामानाओं की अपूर्णता से उत्पन्न विषमता आदि को मनु के सन्दर्भ में वैयक्तिक और रचनात्मक संकेत सृजित कर मानवीय समस्या के रूप में प्रस्तुत करती है। वर्तमान के संकट से संस्कृति को परिभाषित करने और संस्कृति से वर्तमान के रहस्य को समझने का द्वन्द्वात्मक प्रयत्न प्रसाद के निबन्धों में ही नहीं कामायनी में भी हैं। देव और दानवों के पौराणिक आख्यान को प्रवृत्तिगत अर्थ में प्रयुक्त करके प्रसाद ने मनुष्य के अस्तित्व को एक नयी अर्थवत्ता देने का प्रयत्न भी किया है और मनुष्य के भीतर और बाहर के देवासुर संग्राम का एक विकल्प भी प्रस्तुत करने का प्रयत्न किया है। प्रेमचन्द गोदान में सामन्ती व्यवस्था के परिणाम के साथ ही साथ बोट पर आधारित प्रजातन्त्र और शहरी संस्कृति की सीमा और कवियों का भी संकेत करते हैं। ध्यान से पढ़ने पर लगता है कि प्रसाद कामायनी में अपेक्षाकृत वैश्विक स्तर पर अधिक चिन्मय होकर अहंता और द्वैतवाद के परिणामों का संकेत करते हुए देव संस्कृति और नगर संस्कृति के विनाश को अंकित करके हुए अतिवादों से मुक्त ऐसे समरस अवस्था की कल्पना करते हैं-लोक रचते हैं जहाँ कोई तापित, शापित न हो। सब संसृप्ति की सेवा में लगे हों। प्रकृति की गोद में मनुष्य की नियति के प्रश्नों का यह समाधान कामायनी के रचना विधान का अनिवार्य अंग है। यह 'प्रेमाश्रम' या सेवासदन की चिन्ता का ही यह उत्तर नहीं है बल्कि यह एक प्रकार का कालिदासीय समाधान है या वर्णाश्रम व्यवस्था का आधुनिक आध्यात्मिक रूपान्तरण है। चन्द्रगुप्त, स्कन्दगुप्त, ध्रुवस्वामिनी में इस प्रकार का उत्तर देने का प्रयत्नहै। परन्तु ये प्रयत्न है समान्त बौद्धिक सत्ता के निष्काम समाधान लगते हैं। 'कामायनी' में एक ही ज्वलन्त प्रश्न है कि इस देवासुर संग्राम का जो बाहर और भीतर दोनों है क्या उत्तर है कामायनी के प्रारंभ में दिये गये उत्तर बाद में अधूरे सिद्ध होते हैं। प्रसाद मनोहर कृतियों के इस नीड़ को बाद में छोड़ते हैं। अपनी ज्वाला से परेशान चिरन्तन प्रयत्नों का शाश्वत समाधान खोजने की आकांक्षा से युक्त मनु मनुष्यता की शाश्वत पीड़ा का एक उत्तर देता है। निश्चय ही यह पीड़ा या व्यथा 'कामायनी' को अन्तर्निहित बौद्धिकता वाली भाषा और आचरण दोनों ही दृष्टिकोणों से गम्भीर रचना बनाती है, जो क्लासिक

विरोध करती हुई भी क्लासिकल हो जाती है। पाण्डुलिपि में किये गये संशोधन इसी गहरे अर्थ में सहेतुक हैं। आधुनिक वह केवल रचना विधान में ही नहीं है, बल्कि दृष्टि में भी है। 'कामायनी' को पढ़ते हुए बार-बार कुछ कृतियाँ खटकती हैं, परन्तु वे कमियाँ चिन्तनशालता और बिम्बमयता के कारण रचनात्मक प्रभाव को घना ही करती हैं। जो महान रचनाकार की परिपक्वता का प्रमाण है। आनन्द कुमार स्वामी के अर्थों में वे मास्टर रचनाकार हैं। उनकी कृतियों और जीवन में यह कलात्मकता सर्वत्र झलकती थी। कामायनी में यह कलात्मकता अन्त में दर्शन में लय हो जाती है। यह विलयन अनेक जिज्ञासाएँ उत्पन्न करता है रचना के पाठ की दृष्टि से भी और अन्त के कारण अन्तर पाठों की दृष्टि से भी। परन्तु रचना का समाधान महत्त्वपूर्ण नहीं होता है महत्त्वपूर्ण प्रश्नों का उत्तर खोजने का प्रयत्न कि कैसे मनुष्य सभी प्रकार की विषमताओं से मुक्त हो सकता है। महान कृतियाँ इस प्रश्न के उत्तर पाने की तलाश में ही रची जाती हैं।

'कामायनी' : श्रद्धा

जयशंकर प्रसाद

"कौन तुम? संसृति-जलनिधि तीर-तरंगों से फेंकी मणि एक,
कर रहे निर्जन का चुपचाप प्रभा की धारा से अभिषेक?
मधुर विश्रान्त और एकान्त-जगत् का सुलझा हुआ रहस्य,
एक करुणामय सुन्दर मौन और चंचल मन का आलस्य!"

सुना यह मनु ने मधु गुंजार मधुकरी का-सा जब सानन्द,
किये मुख नीचा कमल समान प्रथम कवि का ज्यों सुन्दर छन्द,
एक झटका-सा लगा सहर्ष, निरखने लगे लुटे-से, कौन?
गा रहा यह सुन्दर संगीत? कुतूहल रह न सका फिर मौन।
और देखा वह सुन्दर दृश्य नयन का इन्द्रजाल अभिराम,
कुसुम-वैभव में लता समान चन्द्रिका से लिपटा घनश्याम।
हृदय की अनुकृति बाह्य उदार एक लम्बी काया, उन्मुक्त
मधु-पवन-क्रीड़ित ज्यों शिशु साल, सुशोभित हो सौरभ-संयुक्त।
मसृण, गान्धार देश के नील रोम वाले मेषों के चर्म,
ढँक रहे थे उनका वपु कान्त बन रहा था वह कोमल वर्म।
नील परिधान बीच सुकुमार खुल रहा मृदुल अधखुला अंग,
खिला हो ज्यों बिजली का फूल मेघबन बीच गुलाबी रंग।
आह वह मुख! पश्चिम के व्योम बीच जब घिरते हों घनश्याम,
अरुण रवि-मण्डल उनको भेद दिखाई देता हो छविधाम।
या कि, नव इन्द्रनील लघु श्रृंग फोड़ कर धधक रही हो कान्त,

एक लघु ज्वालामुखी अचेत माधवी रजनी में अश्रान्त।
घिर रहे थे घुँघराले बाल अंस अवलम्बित मुख के पास,
नील घनशावक-से सुकुमार सुधा भरने को विधु के पास।
और, उस मुख पर वह मुसक्यान! रक्त किसलय पर ले विश्राम,
अरुण की एक किरण अम्लान अधिक असलाई हो अभिराम।
नित्य-यौवन छवि से ही दीप्त विश्व की करुण कामना मूर्त्ति,
स्पर्श के आकर्षण से पूर्ण प्रकट करती ज्यों जड़ में स्फूर्त्ति।
उषा की पहिली लेखा कान्त, माधुरी से भीगी भर मोद,
मद भरी जैसे उठे सलज्ज भोर की तारक-द्युति की गोद।
कुसुम कानन अंचल में मंद पवन प्रेरित सौरभ साकार,
रचित-परमाणु-पराग-शरीर खड़ा हो, ले मधु का आधार।
और, पड़ती हो उस पर शुभ्र नवल मधु-राका मन की साध,
हँसी का मद विह्वल प्रतिबिम्ब मधुरिमा खेला सदृश अबाध!

कहा मनु ने, "नभ धरणी बीच बना जीवन रहस्य निरुपाय,
एक उलका-सा जलता भ्रान्त, शून्य में फिरता हूँ असहाय।
शैल निर्झर न बना हतभाग्य, गल नहीं सका जो कि हिम-खण्ड,
दौड़ कर मिला न जलनिधि-अंक आह वैसा ही हूँ पाषण्ड।
पहेली-सा जीवन है व्यस्त, उसे सुलझाने का अभिमान,
बताता है विस्मृति का मार्ग चल रहा हूँ बनकर अनजान।
भूलता ही जाता दिन-रात सजल-अभिलाषा-कलित अतीत,
बढ़ रहा तिमिर-गर्भ में नित्य, दीन जीवन का यह संगीत।
क्या कहूँ, क्या हूँ मैं उद्भ्रान्त? विवर में नील गगन के आज!
वायु की भटकी एक तरंग, शून्यता का उजड़ा-सा राज।
एक विस्मृति का स्तूप अचेत, ज्योति का धुँधला-सा प्रतिबिम्ब!
और जड़ता की जीवन-राशि, सफलता का संकलित विलम्ब।"

"कौन हो तुम वसन्त के दूत विरस पतझड़ में अति सुकुमार!
घन-तिमिर में चपला की रेख, तपन में शीतल मंद बयार।
नखत की आशा-किरण समान, हृदय के कोमल कवि की कान्त,
कल्पना की लघु लहरी दिव्य, कर रही मानस-हलचल शान्त!"

लगा कहने आगन्तुक व्यक्ति मिटाता उत्कण्ठा सविशेष,
दे रहा हो कोकिल सानन्द सुमन को ज्यों मधुमय सन्देश–
"भरा था मन में नव उत्साह सीख लूँ ललित कला का ज्ञान,
इधर रह गन्धर्वों के देश, पिता की हूँ प्यारी सन्तान।
घूमने का मेरा अभ्यास बढ़ा था मुक्त-व्योम-तल नित्य,
कुतूहल खोज रहा था, व्यस्त हृदय-सत्ता का सुन्दर सत्य।
दृष्टि जब जाती हिमगिरि ओर प्रश्न करता मन अधिक अधीर,
धरा की यह सिकुड़न भयभीत आह, कैसी है? क्या है पीर?
मधुरिमा में अपनी ही मौन एक सोया सन्देश महान,
सजग हो करता था संकेत, चेतना मचल उठी अनजान।
बढ़ा मन और चले ये पैर, शैल-मालाओं का श्रृंगार,
आँख की भूख मिटी यह देख आह कितना सुन्दर संभार!
एक दिन सहसा सिन्धु अपार लगा टकराने नग तल क्षुब्ध,
अकेला यह जीवन निरुपाय आज तक घूम रहा विश्रब्ध।
यहाँ देखा कुछ बलि का अन्न, भूत-हित-रत किसका यह दान!
इधर कोई है अभी सजीव, हुआ ऐसा मन में अनुमान।
तपस्वी! क्यों इतने हो क्लान्त? वेदना का यह कैसा वेग?
आह! तुम कितने अधिक हताश-बताओ यह कैसा उद्वेग!
हृदय में क्या है नहीं अधीर-लालसा जीवन की निस्शेष?
कर रहा वंचित कहीं न त्याग तुम्हें, मन में घर सुन्दर वेश!
दु:ख के डर से तुम अज्ञात ज़टिलताओं का कर अनुमान,
काम से झिझक रहे हो आज, भविष्यत् से बनकर अनजान!
कर रही लीलामय आनन्द–महाचिति सजग हुई-सी व्यक्त,
विश्व का उन्मीलन अभिराम–इसी में सब होते अनुरक्त।
काम-मंगल से मण्डित श्रेय सर्ग, इच्छा का है परिणाम,
तिरस्कृत कर उसको तुम भूल बनाते हो असफल भवधाम।"

"दु:ख की पिछली रजनी बीच विकसता सुख का नवल प्रभात,
एक परदा यह झीना नील छिपाये है जिसमें सुख गात।
जिसे तुम समझे हो अभिशाप, जगत् की ज्वालाओं का मूल,

ईश का वह रहस्य वरदान, कभी मत इसको जाओ भूल।
विषमता की पीड़ा से व्यस्त हो रहा स्पन्दित विश्व महान,
यही दुख-सुख, विकास का सत्य यही भूमा का मधुमय दान।
नित्य समरसता का अधिकार उमड़ता कारण-जलधि समान,
व्यथा से नीली लहरों बीच बिखरते सुख मणिगण द्युतिमान।"

लगे कहने मनु सहित विषाद–"मधुर मारुत्-से ये उच्छ्वास
अधिक उत्साह तरंग अबाध उठाते मानस में सविलास।
किन्तु जीवन कितना निरुपाय! लिया है देख नहीं सन्देह,
निराशा है जिसका परिणाम, सफलता का वह कल्पित गेह।"

कहा आगन्तुक ने सस्नेह–"अरे, तुम इतने हुए अधीर।
हार बैठे जीवन का दाँव, जीतते मर कर जिसको वीर!
तप नहीं केवल जीवन-सत्य करुण यह क्षणिक दीन अवसाद,
तरल आकांक्षा से है भरा–सो रहा आशा का आह्लाद।
प्रकृति के यौवन का शृंगार करेंगे कभी न बासी फूल,
मिलेंगे वे जाकर अति शीघ्र आह उत्सुक है उनकी धूल।
पुरातनता का यह निर्मोक सहन करती न प्रकृति पल एक,
नित्य नूतनता का आनन्द किये है परिवर्तन में टेक।
युगों की चट्टानों पर सृष्टि डाल पद-चिह्न चली गम्भीर,
देव, गन्धर्व, असुर की पंक्ति अनुसरण करती उसे अधीर।"

"एक तुम, यह विस्तृत भू-खण्ड प्रकृति वैभव से भरा अमन्द,
कर्म का भोग, भोग का कर्म, यही जड़ का चेतन आनन्द।
अकेले तुम कैसे असहाय यजन कर सकते? तुच्छ विचार।
तपस्वी! आकर्षण से हीन कर सके नहीं आत्म-विस्तार।
दब रहे हो अपने ही बोझ खोजते भी न कहीं अवलम्ब,
तुम्हारा सहचर बनकर क्या न उऋण होऊँ मैं बिना विलम्ब?
समर्पण लो–सेवा का सार, सजल संसृति का यह पतवार,
आज से यह जीवन उत्सर्ग इसी पद-तल में विगत-विकार।

दया, माया, ममता लो आज, मधुरिमा लो, अगाध विश्वास,
हमारा हृदय-रत्न-निधि स्वच्छ तुम्हारे लिए खुला है पास।
बनो संसृति के मूल रहस्य, तुम्हीं से फैलेगी वह बेल,
विश्व-भर सौरभ से भर जाय सुमन के खेलो सुन्दर खेल।"

"और यह क्या तुम सुनते नहीं विधाता का मंगल वरदान,
'शक्तिशाली हो, विजयी बनो' विश्व में गूँज रहा जय गान।
डरो मत, अरे अमृत सन्तान! अग्रसर है मंगलमय वृद्धि,
पूर्ण आकर्षण जीवन केन्द्र खिंची आवेगी सकल समृद्धि।
देव-असफलताओं का ध्वंस प्रचुर उपकरण जुटाकर आज,
पड़ा है बन मानव-सम्पत्ति पूर्ण हो मन का चेतन-राज।
चेतना का सुन्दर इतिहास–अखिल मानव भावों का सत्य,
विश्व के हृदय-पटल पर दिव्य-अक्षरों से अंकित हो नित्य।
विधाता की कल्याणी सृष्टि, सफल हो इस भूतल पर पूर्ण,
पटें सागर, बिखरें ग्रह-पुंज और ज्वालामुखियाँ हों चूर्ण।
उन्हें चिनगारी सदृश सदर्प कुचलती रहे खड़ी सानन्द,
आज से मानवता की कीर्ति अनिल, भू, जल में रहे न बन्द।
जलधि के फूटें कितने उत्स–द्वीप-कच्छप डूबें-उतरायें,
किन्तु वह खड़ी रहे दृढ़-मूर्त्ति अभ्युदय का कर रही उपाय।
विश्व की दुर्बलता बल बने, पराजय का बढ़ता व्यापार,
हँसाता रहे उसे सविलास शक्ति का क्रीड़ामय संचार।
शक्ति के विद्युत्कण जो व्यस्त विकल बिखरे हैं, हो निरुपाय,
समन्वय उसका करे समस्त विजयिनी मानवता हो जाय!"

सूर्यकान्त त्रिपाठी 'निराला'

सूर्यकान्त त्रिपाठी 'निराला' का जन्म 21 फरवरी 1899 को बंगाल के मेदिनीपुर जिले के महिषादल नामक देशी राज्य तथा मूल निवासी उत्तर प्रदेश के उन्नव जिले का गढ़ाकोला नामक गाँव है। इन्होंने हाई स्कूल तक। हिन्दी, बंगला, अंग्रेजी और संस्कृत का ज्ञान स्वतन्त्र रूप से प्राप्त किया। वृत्तिः प्रायः 1918 ई. से लेकर 1922 ई. के मध्य तक महिषादल राज्य की सेवा में उसके बाद से सम्पादन, स्वतन्त्र लेखन और अनुवाद-कार्य। 1922-23 ई. में 'समन्वय' (मासिक, कलकत्ता) का सम्पादन। 1923 ई. के अगस्त में मतवाला-मण्डल में। 'मतवाला' से सम्बन्ध किसी न किसी रूप में 1929 ई. के मध्य तक बना रहा। इस बीच स्वतन्त्र लेखन और बाजार का काम भी करते रहे। कलकत्ता छोड़ा तो लखनऊ आये, जहाँ गंगा-पुस्तकमाला-कार्यालय और वहाँ से निकलनेवाली मासिक पत्रिका 'सुधा' से 1935 ई. के मध्य तक सम्बद्ध रहे। प्रायः 1940 ई. तक लखनऊ में। तत्पश्चात् कभी इलाहाबाद और कभी उन्नाव में।1942-43 ई. में स्थायी रूप में इलाहाबाद में रहकर स्वतन्त्र लेखन और अनुवाद-कार्य। साहित्य:पहली प्रकाशित कविता: जन्मभूमि (प्रभा मासिक कानपुर, जून, 1920)। पहला प्रकाशित निबन्ध 'बंगभाषा का उच्चारण' (सरस्वती, मासिक, प्रयाग, अक्तूबर, 1920) पहली प्रकाशित पुस्तक: अनामिका (1923 ई.)। प्रमुख कृतियाँ: परिमल, गीतिका, द्वितीय अनामिका, तुलसीदास, कुकुरमुत्ता, अणिमा, बेला, नये पत्ते, अर्चना, अराधना, गीत गुंज, सान्ध्य काकली (कविता), अप्सरा, अलका, प्रभावती, निरूपमा, कुल्ली भाट, बिल्लेसुर बकरिहा (उपन्यास), लिलि, चतुरी चमार (कहानी), रवीन्द्र-कविता-कानन, प्रबन्ध-पद्य, प्रबन्ध-प्रतिमा, चाबुक, चयन, संग्रह निबन्ध और महाभारत (पुराकथा)। इनकी मृत्यु 15 अक्टूबर, 1961 (दारागंज, इलाहाबाद) में हुई थी।

निराला ने 1920 ई. के आसपास से कविता लिखना शुरू किया और प्रायः

1961 ई. तक लिखते रहे। उनकी करीब चालीस वर्षों की यह काव्य-साधना सामान्यतया तीन चरणों में विभाजित है। पहले चरण में निराला की जा कविता-पुस्तकें प्रकाशित हुईं, वे हैं : प्रथम अनामिका, परिमल, गीतिका, द्वितीय अनामिका और तुलसीदास। प्रथम अनामिका की जो प्रति देखने में आयी है, उसमें प्रकाशन-वर्ष का उल्लेख नहीं है। लेकिन उसमें पं चन्द्रशेखर शास्त्री की जो सम्मति उद्धृत की गयी है, उसके नीचे 3 जुलाई, 1923 की तिथि दी हुई है। इससे अनुमान लगाया जा सकता है कि यह पुस्तक 1923 ई. की जुलाई या अगस्त में छपकर बाहर आयी होगी। दूसरी बात यह कि इस पुस्तक में कवि का नाम सिर्फ सूर्यकान्त त्रिपाठी दिया गया है यानी उसके साथ 'निराला' उपनाम जुड़ा हुआ नहीं हैं। यह सुपरिचित तथ्य है कि 'निराला' एक छद्मनाम था और वह निराला को 'मतवाला' के अनुप्रास पर दिया गया था। 'मतवाला' का प्रकाशन-काल है–26 अगस्त, 1923। इससे इस तथ्य की पुष्टि होती है कि प्रथम अनामिका 'मतवाला' के प्रकाशन के पहले निकली थी। यदि ऐसा न होता तो कवि के नाम के साथ उपनाम के रूप में उसका 'छद्मनाम' भी अवश्य जुड़ा होता।

निराला का बचपन का नाम सूर्य कुमार था। निराला का विवाह मनोहरा देवी के साथ हुआ था। इन्होंने पुत्री का नाम सरोज रखा था। खड़ी बोली के अध्ययन की ओर इनका झुकाव अपनी पत्नी के कारण हुआ। हिन्दी में इनकी पहली कविता 'जूही की कली' है, जिसका रचना-काल 1916 ई. हैं। सर्वप्रथम इस कविता को जब निराला ने सरस्वती पत्रिका में प्रकाशित करने के लिए दिया तो महावीर प्रसाद द्विवेदी ने प्रकाशित करने से यह कहकर मनाकर दिया कि इसमें अश्लीलता है, इसे हम नहीं प्रकाशित कर सकते। पर इससें यह नहीं समझना चाहिए कि द्विवेदी जी निराला से कोई द्वेष-भाव था। प्रमाण यह है कि उनका प्रथम निबन्ध हिन्दी बंगला का तुलनात्मक व्याकरण सन् 1919 ई0 में 'सरस्वती' से ही प्रकाशित हुआ। रामकृष्ण मिशन संन्यासियों के साथ रहते हुए निराला की भेंट मतवाला के संचालक श्री महादेव सेठ से होती रहती थी। दो वर्ष के उपरान्त निराला समन्वय से मतवाला में आ गये। मतवाला हास्य व्यंग्य प्रधान साप्ताहिक था जो प्रति शनिवार को कलकत्ता से निकलता था। यही कवि ने अपना नाम मतवाला के नाम पर निराला रखा। सम्भवत: यही वे सूर्य कुमार से सूर्यकान्त हुए।

राम की शक्ति-पूजा

छायावाद को राष्ट्रकवि दिनकर ने चक्रवाल की भूमिका में प्रगीतों का आन्दोलन कहा था। उस दौर में बढ़ी संख्या में श्रेष्ठ कलागीत लिखे गये। मध्यकालीन सन्त भक्त-कवियों द्वारा रचित लीलागान की परम्परा से अर्न्तवस्तु में भी सर्वदा भिन्न छायावादी प्रगीत इतिहास की मुख्य धारा को न केवल समृद्ध करते हैं। बल्कि उसे आगे बढ़ाते रहे हैं। पन्त और निगला क्रमश: स्वच्छन्द और मुक्त छन्द को लेकर युद्धरत रहे। उनका संघर्ष अन्तत: सार्थक हुआ, तथापि छायावाद को छन्द से पूरी तरह मुक्ति नहीं मिली। मुक्त छन्द के लिए सबसे अधिक विरोध और तनाव निराला को ही सहन करने पड़े। उन्होंने छन्द से मुक्ति को कविता की मुक्ति की व्यापक अवधारणा से जोड़कर देखा, मुक्त छन्द में लिखी गयी कविताओं को मुक्तक काव्य कहा है। परिणामत: मुक्त छन्द की कविता परवर्ती काव्यधारा की पहचान बन गयी। निराला की अग्रगामी चेतना को शिल्प के स्तर पर सतत् प्रयोगशील लक्षित किया गया तो यह स्वाभाविक ही है। कविता में नये-नये प्रयोग करते हुए, उन्होंने गीत-प्रगीत की रचना में कभी व्यवधान नहीं आने दिया। निराला 'बहुवस्तुस्पर्शिनी प्रतिभा' बहुजीवन की छवि आँकने में लगे रहे।

निराला की महायाज्ञिक प्रतिभा के शिखर-स्पर्श के दौर में हम पाते हैं कि प्रसाद जी ने बीसवीं शताब्दी का सर्वश्रेष्ठ महाकाव्य 'कामायनी' लिख दिया था। एक महान घटना थी, जिसके निमित महाकवि जयशंकर प्रसाद बने थे। निराला के मुक्त और मौलिक के आग्रहों के लिए यह लगभग असम्भ्व हो गया कि कामायनी से मिलती-जुलती कोई कृति लिखें। इस तरह एक बड़ी और कठिन चुनौती ने ही मुक्तक और प्रबन्ध से सर्वथा अलग हिन्दी कविता का एक विलक्षण तीसरा स्थापत्य 'राम की शक्ति पूजा' के प्रणयन का मार्ग प्रशस्त किया होगा। 'कामायनी' प्रबन्ध के सर्वश्रेष्ठ प्रबन्ध के स्थापत्य को देखते हुए उसकी संरचनात्मक चुनौती को महसूस

करते हुए निराला ने एक अलग रास्ता चुना। राम की शक्ति पूजा एक नई सरंचना है, एक ऐसी संरचना जिसमें प्रबन्ध की काया नहीं, आत्मा को स्वर देने की आकांक्षा निहित है। पुरातन की पुनरावृत्ति से परहेज की सतर्कता के साथ।

राम की शक्ति पूजा राम काव्य परम्परा के ठीक साकेत या वैदेही वनवास की संवेदना और शिल्प में परिगणित होने की आकांक्षा से लिखी गयी कविता नहीं है, बल्कि नवन की आत्मा को उसकी निजी बेचैनियों के साथ एक नई संरचना में ढाल देने की विफलता का समर्थ उदाहरण है। इसके आकर-प्रकार की कई अन्य रचनाएँ भी उस युग में अस्तित्व में आयी। प्रसाद की 'प्रलय की छाया' 'शेर सिंह का शस्त्र समर्पण', पन्त की 'परिवर्तन' और निराला की 'युमना के प्रति' 'महाराज शिवाजी का पत्र' और कुकुरमुत्ता भी अपने-अपने कारणों से विशिष्ट और लम्बी कविताएँ हैं, परन्तु प्रबन्ध कविता का सर्वश्रेष्ठ प्रतिमान आज भी राम की शक्ति पूजा ही है और जैसा कि आचार्य जानकी बल्लभ शास्त्री लिखते हैं–राज की शक्ति पूजा के ये स्वल्प आकार-प्रकार का परम् प्रौढ़ प्रबन्ध काव्य विश्व की किसी भी भाषा में कभी नहीं लिखा गया।' प्रसंगवश में डॉ. रामविलास शर्मा ने इसकी तुलना मिल्टन के 'पैराडाइज लास्ट' से की है, कथ्य और संरचना में 'राम की शक्ति पूजा' को श्रेष्ठतर कहा है।"

'राम की शक्ति पूजा' का मुख्य कथानक कृतिवास बंगला रामायण से लिया गया है, जिसका विषय आख्ययानपरक है, क्योंकि इसमें कृतिवास रामायण की कथा के एक अंश को आधार बनाया है। निराला का उद्देश्य कृतिवास के रामायण की खड़ी बोली में अनुवाद करना नहीं था। वे तो राम के मिथक में निहित सृजनात्मक संभावनाओं के आधार पर ऐसी कालजयी कविता रचना चाहते थे जो एक साथ सार्वकालिक व युगीन प्रश्नों से टकरा सके। इसके लिए आवश्यक था कि मिथक को वैसा का वैसा न स्वीकार किया जाए बल्कि रचनाकार उसमें अपनी कल्पना से कुछ परिवर्तन करे। इसी अर्थ में कहा जा सकता है कि कवि को आख्यानपरक विषय के बावजूद कल्पना के प्रसार पर पर्याप्त अवसर मिला है। इस कविता की सामग्री वस्तुतः निराला ने बंगाल के ही मध्ययुगीन कवि कृतिवास रामायण से ली है, जो कि अनुमानतः तुलसीदास के सौ वर्ष पहले हुए थे। निराला ने माइकेल मधुसूदन दत्त और रवीन्द्रनाथ के काव्य का ही नही, कृतिवास चंडीदास और गोविन्ददास-जैसे मध्ययुगीन बंगला कवियों के काव्य का भी परायण किया था। इन कवियों में कृतिवास का विशेष महत्त्व है, क्योंकि उनकी 'रामायण' को लोक-काव्य का

दर्जा प्राप्त हो गया था। वह बंगल में व्यापक रूप से गया जाता था, जिससे क्रमश: उसका रूप भी बदलता गया। निराला इस काव्य की लोकप्रियता और शक्ति दानों से प्रभावित हुए और उसके लंकाकाण्ड में एक प्रसंग लेकर उसे बहुत कुछ नवीन रूप में सृजित किया, कविता में अपनी संपूर्ण प्रतिभा और ऊर्जा को केन्द्रित करके, जिससे वह उनकी सर्वश्रेष्ठ कविता के रूप में मान्य हुई है।

इस कविता का आरम्भ में ही गहरी संकेत व्यंजना है–'रवि हुआ अस्त।' इसमें रवि दिन की अस्मिता उद्‌भासित करने वाला सूर्य हो सकता है और स्वयं कवि का सौभाग्य-सूर्य भी और शायद हमारे राष्ट्रीय स्वातंत्र्य समर के निर्णायक दौर में उन शक्तियों का प्रतिनिधि भी, जो अपने लक्ष्य तक पहुँचने में विफल हो गये थे। 'रवि हुआ अस्त'–मात्र इन तीन शब्दों के वाक्य में पूरे दिन के युद्ध का तीखा अनुभव समाहित है। वह दिन जिसे कवि ने 'ज्योति का पत्र' कहा है।, जिस पर राम रावण का अपराजेय समर अमर अक्षरों में लिखा गया साधारण दिन नहीं हो सकता। उस दिन को 'ज्योति का पत्र' स्वभावत: उदात्त की वेदना के भीतर कहा गया है। निराला ने राम के साथ अपने जीवन की अनुभूति, निराशा, पराजय, संघर्ष और काल्पनिक विजय को जोड़कर अत्यन्त संघन नाटकीय अभिव्यक्ति की है। इसमें संवादों की भूमिका महत्त्वपूर्ण है। इस कविता संवाद विभिन्न पात्रों ककी मनोदशा और संस्कार के अनुरूप आये है। राम की शक्ति पूजा ऊपर से अन्य पुरुष प्रधान होने के कारण आख्यानपरक दिखती है, पर उसकी भीतरी संयोजना को ध्यान से पढ़ने पर स्पष्ट हो जाता है कि इसमें राम के अनेक रूपों का अन्तर्द्वन्द मुख्य प्रतिपाद्य है। पूरी कविता मानो राम और राम की शक्ति के बीच संवाद है।

कविता की मूल समस्या–'अन्याय जिधर है उधर शक्ति'। शक्ति रावण अर्थात् अंग्रेजों के पक्ष में है, जिन्होंने साधना से उसे वशीभूत किया है। वह नैतिक पक्ष में नहीं है–यह राम अर्थात् राष्ट्रनायक की चिन्ता है।

राम की शक्ति पूजा में शक्ति की मौलिक कल्पना का सुझाव जाम्बवान ने दिया है, जो सेनापति हैं। इस दृष्टि से 'शक्ति पूजा' में शक्ति सन्धान की रचनात्मक व्याख्या है और इसका मूल सूत्र उस परामर्श में है, जो जाम्बवान पराजय की मन:स्थिति में डूबे राम को देते हैं–'शक्ति की करो मौलिक कल्पना' अर्थात् शक्ति का सन्धान मौलिक रूप में ही नहीं, 'कामायनी' के मनु और 'शक्तिपूजा' के राम की हताशा मन:स्थिति एक जैसी है जो इन रचनाकारों की समकालीन राष्ट्रीय पराधीन दशा में तुलनीय है, यह मनु और राम की उक्तियों में बार-बार उभरती है।

'शक्तिशाली हो विजयी बनो।' और जाम्बवान का परामर्श है–शक्ति की करो मौलिक कल्पना।' शक्ति की मौलिक कल्पना का सुझाव जाम्बवान दिया है। उनके सुझााव में यह बात निहित है कि शक्ति मूलत: साधना के वशीभूत हैं, नैतिकता के नहीं। रावण के पास शक्ति कठोर साधना के परिणामस्वरूप ही आई है। राम को शिकायत है कि "रावण अधर्मरत भी अपना, मैं हुआ अपर।" इसलिए जाम्बवान का सुझाव है कि साधना का उत्तर कठोर साधना से ही देना चाहिए। निराला ने 'राम की शक्ति पूजा' में वर्तमान से कैसा वैषम्य है, उसे उन्होंने पहले स्मरण श्लोक में स्पष्ट कर दिया है।

राम की शक्ति पूजा में सीता की मुक्ति केन्द्रीय भाव है। इसका प्रमाण यह है कि न सिर्फ कथानक के उद्देश्य के रूप में बल्कि कथानक के हर मोड़ पर सीता उपस्थित है। यूँ प्रतीत होता है कि राम के पास न होते हुए भी राम के शिविर की सभी घटनाओं का संचालन ही सीता कर रही है। सीता की मुक्ति कथानक का उद्देश्य है, यह रचना के अन्तिम हिस्से में पूर्णत: स्पष्ट होता है। शक्ति पूजा का अन्तिम इन्दीवर माँ दुर्गा उठाकर ले गयी हैं। रिक्त स्थान को देख कर राम आत्मधिकार की अवस्था में पहुँच गये हैं। जिस तरह निराला हमेशा संघर्ष से जूझते रहे वैसे ही राम भी। अनुष्ठान की पूर्णता के नजदीक देवी दुर्गा का अन्तिम फूल उठाकर ले जाना ऐसा ही अन्तिम संघर्ष का परिचायक है।

1936 ई0 का भारत शक्ति की मौलिक कल्पना की तलाश में है। गांधी का एक वर्ष में स्वाधीनता दिलाने का वायदा तो खण्डित हो ही चुका है, उसके दस वर्ष बाद दूसरा महान आन्दोलन 'सविनय अवज्ञा' भी विफल हा गया है। सविनय अवज्ञा आन्दोलन की विफलता ने राष्ट्रीय नेतृत्व के मन में घोर निराशा, संशय, पराजय बोध भर दिया है। गाँधी व उनकी वाहिनी के अन्य सदस्य भी चिन्तित है, जो राम के प्रतीक से व्यक्त हुआ है। कविता का आरम्भिक वर्णन भी यही दिखा रहा है कि इसके नायक को अपने जिस अस्त्रों पर दुनिया जीत लेने का विश्वास था, वह अस्त्र विफल हो गये हैं।

'राम की शक्ति पूजा' में विभीषण का व्यक्तित्व विवादास्पद हो गया है रामभक्ति के बावजूद 'राम की शक्ति पूजा' में विभीषण एक राज्य लोभी के रूप में दिखाये गये हैं और इस तरह वे पाठकों की सहानुभूति से वंचित हो जाते हैं। विभीषण के इस कथन में रावण के प्रति उनका द्वेष उजागर होता है।

सबसे महत्त्वपूर्ण बात यह है कि निराला का मन 'सरोज स्मृति' में थक गया था, किन्तु यह थकने वाला मन उनका असली मन नहीं था। निराला अपने राम की

तरह कभी न हारने वाले पुरुषार्थी थे और यही कारण है कि 'राम की शक्ति पूजा' के रामसीता की मुक्ति के लिए अपने उद्देश्य को पूरा करने के लिए कभी न थकने-हारने वाली मन:स्थिति में पहुँच जाते हैं। दूधनाथ सिंह का कहना है कि जिन्होंने निराला को सरोज की मृत्यु के बाद टूटने की स्थिति में देखा है, वे इस कविता को पढ़कर अवश्य महसूस कर सकते हैं कि इसके राम स्वयं निराला ही हैं।

निराला ने इस कविता का कथानक कृतिवास रामायण से लिया है, किन्तु उसमें विद्यमान बांग्ला भावुकता को नहीं लिया है। यही करण है कि निराला के राम तुलसी के राम की तरह औदात्य की प्रतिमूर्ति है, आत्मसंयम और दृढ़ता जैसे गुणों से भरे हैं। वे कृतिवास के राम की तरह अनियन्त्रित भावुकता के शिकार नहीं है। 'राम की शक्ति पूजा' 'रामचरितमानस' में भी कुछ मायनों से भिन्न है। तुलसी के मर्यादा पुरुषोत्तम राम यहाँ 'नवीन पुरुषोत्तम' हो गये हैं। तुलसी के राम ईश्वर के अवतार है जबकि निराला के राम मानव। तुलसी के राम में संशय, विकलता आदि मानवोचित कमजोरियाँ अनुपस्थित हैं जबकि निराला के राम में उपस्थित। तुलसी के राम सीता के प्रेम करते हैं पर एक बार कह उठते है कि 'नारी हानि विशेष छति नाहीं। निराला के राम गार्हस्थिक प्रेम को अत्यधिक महत्त्व देते हैं। वे सीता की मुक्ति को 'प्रिया' की मुक्ति मानते हैं–'जानकी! हाय उद्धार प्रिया का हो न सका।' इसके बाद भी यह नहीं भूलना चाहिए कि शक्ति पूजा की संश्लिष्ट संवेदना की कविता है जिसकी वस्तु संरचना एक साथ कई पक्षों को समेटती है। सीता की मुक्ति इस भाव समुच्चय का केन्द्रीय तत्त्व तो हैं किन्तु एक मात्र नहीं, क्योंकि यह कविता राष्ट्रीय आन्दोलन, शक्ति की मौलिक कल्पना, पौराणिक राम के मानवीय रूपान्तरण, निराला के आत्मसंघर्ष तथा सत्-असत् संघर्ष जैसे बिन्दुओं को भी समानान्तर रूप से धारण करती है।

राम की शक्ति पूजा में शक्ति तत्त्व की केन्द्रीयता इसके नामकरण से ही स्पष्ट है। कविता का नामरण शक्ति पूजा पर केन्द्रित हैं, न कि नारी मुक्ति, निराला के आत्मसंघर्ष या सत्-असत्, संघर्ष जैसे अन्य भावों पर। कविता का कथानक भी शक्ति की केन्द्रीयता दर्शाता है। कविता का आरम्भ इस बिन्दु पर होता है कि नायक नैतिक होते हुए भी शक्तिहीन है, जबकि खलनायक अनैतिक होते हुए भी शक्तिसम्पन्न है। 1936 ई. के भारत में शक्ति का अनैतिक पक्ष में होना एक साथ कई सन्दर्भों में चोट है, जैसे–अंग्रेजी शासन, रूढ़िवादी साहित्यिक चिन्तन, सामान्तवादी-पुरुषवादी सामाजिक संरचना हैं।

वतुतः हम कह सकते हैं कि निराला ने इस कविता के माध्यम से भक्ति और योग में समन्वय भी स्थापित किया हैं। इस दृष्टि से वे अपने प्रिय कवि तुलसीदास से भी दो कदम आगे निकल जाते है। तुलसीदास में समन्वय का अपार धैर्य था किन्तु योग के प्रति उनकी कड़वाहट बार-बार उभरती नजर जाती हैं, जैसे–'गोरख जगायो जोग, भगति भगायो लोग' आदि कथनों में। इस दृष्टि से निराला कबीर की परम्परा अनुसरण करते हैं और भक्ति व योग को मिलाकर एक कर देते हैं। ऐसा इस कविता में दो स्थानों पर दिखता है, प्रथम हनुमान को योग और भक्ति चरम पर दिखाया गया है द्वितीय, राम ने शक्ति की कल्पना अपने से बाहर की है, जो भक्ति का तरीका है किन्तु उसकी साधना के लिए षटचक्रभेदन की विधि को चुना है जो योग के अनुकूल है।

सामान्यतः ऐसा नजर आता है कि कविता में सगुण भक्ति को महत्त्व दिया गया है। न सिर्फ राम, शक्ति, शिव और अनुमान सगुण रूप में उपस्थित है अपितु उनके पारम्परिक सगुण रूप को कई स्थानों पर दिखाया भी गया है। जैसे–राम को शेष शयन अर्थात् विष्णु की उपमा दी गयी है और कविता के अंत में शक्ति का पारम्परिक रूप में चित्रित किया गया है। अतः आचार्य रामचन्द्र शुक्ल की माने तो "लोक में फैली हुई दुख की छाया को हटाने में ब्रह्म की आनन्द-कला जो शक्तिमय रूप धारण करती है, उसकी भीषणता में भी अद्भुत मनोहरता, प्रचण्डता में भी गहरी आद्रता साथ लगी रहती है। विरुद्धों का यही सामंजस्य कर्म-क्षेत्र का सौन्दर्य है। 'राम की शक्ति पूजा' आनन्द की साधनावस्था का काव्य है। इसमें आनन्दमय कला के शक्तिमय रूप प्रतिष्ठा हुई है।

'सरोज स्मृति' कविता निराला की दिवंगत पुत्री सरोज पर केन्द्रित है। यह कविता बेटी के दिवंगत होने पर पिता का विलाप है। पिता के इस विलाप में कवि को कभी शकुन्तला की याद आती है कभी अपनी स्वर्गीय पत्नी की। बेटी के रूप में रंग पत्नी का रूप रंग दिखाई पड़ता है, जिसका चित्रण निराला ने किया है। यही नहीं इस कविता में एक भाग्यहीन पिता का संघर्ष, समाज से उसके सन्बन्ध, पुत्री के प्रति बहुत कुछ न कर पाने का अकर्मण्यता बोध भी प्रकट हुआ है। इस कविता के माध्यम से निराला का जीवन-संघर्ष भी प्रकट हुआ है। वे कहते हैं–'दुख ही जीवन की कथा रही, क्या कहूँ आज जो नहीं कहीं।'

राम की शक्ति-पूजा

•

सूर्यकान्त त्रिपाठी 'निराला'

रवि हुआ अस्त : ज्योति के पत्र पर लिखा अमर
रह गया राम-रावण का अपराजेय समर
आज का, तीक्ष्ण-शर-विधृत-क्षिप्र-कर वेग-प्रखर,
शतशेलसम्वरणशील, नीलनभ-गर्ज्जित-स्वर,
प्रतिपल-परिवर्तित-व्यूह-भेद–कौशल समूह,–
राक्षस-विरुद्ध प्रत्यूह,–क्रुद्ध-कपि-विषम-हूह,
विच्छुरितवह्नि-राजीवनयन-हत-लक्ष्य-बाण,
लोहितलोचन-रावण-मदमोचन-महीयान,
राघव-लाघव–रावण-वारण–गत-युग्म-प्रहर,
उद्धत-लंकापति-मर्द्दित-कपि-दल-बल-विस्तर,
अनिमेष-राम–विश्वजिद्दिव्य-शर-भंग-भाव,–
विद्धांग-बद्ध-कोदण्ड-मुष्टि–खर-रुधिर-स्राव,
रावण-प्रहार-दुर्वार-विकल-वानर दल-बल,–
मूर्च्छित सुग्रीवांगद-भीषण-गवाक्ष-गय-नल,
वारित-सौमित्र-भल्लपति–अगणित-मल्ल-रोध,
गर्ज्जित-प्रलयाब्धि-क्षुब्ध-हनुमत्-केवल-प्रबोध,
उद्गीरित-वह्नि-भीम-पर्वत-कपि-चतुः प्रहर,
जानकी-भीरु-उर–आशाभर–रावण-सम्वर।
लौटे युग दल। राक्षस-पदतल पृथ्वी टलमल,
बिन्ध महोल्लास से बार-बार आकाश विकल।
वानर-वाहिनी खिन्न, लख निज-पति-चरण-चिह्न

चल रही शिविर की ओर स्थविर-दल ज्यों विभिन्न;
प्रशमित है वातावरण नमित-मुख सान्ध्य कमल
लक्ष्मण चिन्ता-पल, पीछे वानर-वीर सकल;
रघुनायक आगे अवनी पर नवनीत-चरण,
श्लथ धनु-गुण है कटिबन्ध स्रस्त–तूणीर धरण,
दृढ़ जटा-मुकुट हो विपर्यस्त प्रतिलट से खुल
फला पृष्ठ पर, बाहुओं पर, वक्ष पर विपुल
उतरा ज्यों दुर्गम पर्वत पर नैशान्धकार,
चमकती दूर ताराएँ ज्यों हों कहीं पार।

आये सब शिविर, सानु पर पर्वत के, मन्थर,
सुग्रीव, विभीषण, जाम्बवान आदिक वानर,
सेनापति दल-विशेष के, अंगद, हनुमान
नल, नील, गवाक्ष, प्रात के रण का समाधान
करने के लिए, फेर वानर-दल आश्रय-स्थल।
बैठे रघु-कुल-मणि श्वेत शिला पर; निर्मल जल
ले आये कर-पद-क्षालनार्थ पटु हनुमान;
अन्य वीर सर के गये तीर सन्ध्या-विधान–
वन्दना ईश की करने को, लौटे सत्वर,
सब घेर राम को बैठे आज्ञा को तत्पर।
पीछे लक्ष्मण, सामने विभीषण, भल्लधीर,
सुग्रीव, प्रान्त पर पाद-पद्म के महावीर;
यूथपति अन्य जो यथास्थान, हो निर्निमेष
देखते राम का जित-सरोज-मुख-श्याम-देश।

है अमानिशा; उगलता गगन घन अन्धकार;
खो रहा दिशा का ज्ञान; स्तब्ध है पवन-चार;
अप्रतिहत गरज रहा पीछे अम्बुधि विशाल;
भूधर ज्यों ध्यान-मग्न; केवल जलती मशाल।
स्थिर राघवेन्द्र को हिला रहा फिर-फिर संशय,
रह-रह उठता जग जीवन में रावण-जय-भय;

जो नहीं हुआ आज तक हृदय रिपु-दम्य–श्रान्त,–
एक भी, अयुत-लक्ष में रहा जो दुराक्रान्त,
कल लड़ने को हो रहा विकल वह बार-बार,
असमर्थ मानता मन उद्यत हो हार-हार।
ऐसे क्षण अन्धकार घन में जैसे विद्युत
जागी पृथ्वी-तनया-कुमारिका-छवि, अच्युत
देखते हुए निष्पलक, याद आया उपवन
विदेह का,–प्रथम स्नेह का लतान्तराल मिलन
नयनों का–नयनों से गोपन–प्रिय सम्भाषण,
पलकों का नव पलकों पर प्रथमोत्थान-पतन,
काँपते हुए किसलय,–झरते पराग–समुदय,
गाते खग-नव-जीवन-परिचय–तरु,–मलय-वलय,
ज्योति प्रपात स्वर्गीय,–ज्ञात छवि प्रथम स्वीय,
जानकी-नयन-कमनीय प्रथम कम्पन तुरीय।
सिहरा तन, क्षण-भर भूला मन, लहरा समस्त,
हर धनुर्भंग को पुनर्वार ज्यों उठा हस्त,
फूटी स्मिति सीता-ध्यान-लीन राम के अधर,
फिर विश्व-विजय-भावना हृदय में आई भर,
वे आये याद दिव्य शर अगणित मन्त्रपूत,–
फड़का पर नभ को उड़े सकल ज्यों देवदूत,
देखते राम, जल रहे शलभ ज्यों रजनीचर,
ताड़का, सुबाहु, विराध, शिरस्त्रय, दूषण, खर;
फिर देखी भीमा मूर्ति आज रण देखी जो
आच्छादित किये हुए सम्मुख समग्र नभ को,
ज्योतिर्मय अस्त्र सकल बुझ-बुझकर हुए क्षीण,
पा महानिलय उस तन में क्षण में हुए लीन,
लख शंकाकुल हो गये अतुल-बल शेष-शयन,–
खिंच गये दृगों में सीता के राममय नयन;
फिर सुना–हँस रहा अट्टहास रावण खलखल,
भावित नयनों से सजल गिरे दो मुक्ता दल।

बैठे मारुति देखते राम चरणारविन्द
युग 'अस्ति-नास्ति' के एक-रूप, गुण-गण-अनिन्द्य;
साधना-मध्य भी साम्य-वाम-कर दक्षिण-पद,
दक्षिण-कर-तल पर वाम चरण, कपिवर गद्गद
पा सत्य, सच्चिदानन्दरूप, विश्राम-धाम,
जपते सभक्ति अजपा विभक्त हो राम-नाम।
युग चरणों पर आ पड़े अस्तु वे अश्रु युगल,
देखा कपि ने, चमके नभ में ज्यों तारादल;
ये नहीं चरण राम के, बने श्यामा के शुभ–
सोहते मध्य में हीरक युग या दो कौस्तुभ;
टूटा वह तार ध्यान का, स्थिर मन हुआ विकल,
सन्दिग्ध भाव की उठी दृष्टि, देखा अविकल
बैठे वे वही कमल लोचन, पर सजल नयन,
व्याकुल-व्याकुल कुछ चिर-प्रफुल्ल मुख, निश्चेतन।
"ये अश्रु राम के" आते ही मन में विचार,
उद्वेल हो उठा शक्ति-खेल-सागर अपार,
हो श्वसित पवन-उनचास, पिता-पक्ष से तुमुल,
एकत्र वक्ष पर बहा वाष्प को उड़ा अतुल,
शत घूर्णावर्त, तरंग-भंग उठते पहाड़,
जल राशि-राशि जल पर चढ़ता खाता पछाड़
तोड़ता बन्ध–प्रतिसन्ध धरा, हो स्फीत-वक्ष
दिग्विजय-अर्थ प्रतिपल समर्थ बढ़ता समक्ष।
शत-वायु-वेग-बल, डुबा अतल में देश-भाव,
जलराशि विपुल मथ मिला अनिल में महाराव
वज्रांग तेजघन बना पवन को, महाकाश
पहुँचा, एकादशरुद्र क्षुब्ध कर अट्टहास।
रावण-महिमा श्मामा विभावरी-अन्धकार,
यह रुद्र राम-पूजन-प्रताप तेज:प्रसार;
उस ओर शक्ति शिव की जो दशस्कन्ध-पूजित,
इस ओर रुद्र-वन्दन जो रघुनन्दन-कूजित;

करने को ग्रस्त समस्त व्योम कपि बढ़ा अटल,
लख महानाश शिव अचल हुए क्षण-भर चंचल,
श्यामा के पदतल भारधरण हर मन्द्रस्वर
बोले–"सम्बरो देवि, निज तेज, नहीं वानर
यह,–नहीं हुआ शृंगार-युग्म-गत, महावीर,
अर्चना राम की मूर्तिमान अक्षय-शरीर,
चिर-ब्रह्मचर्य-रत, ये एकादश रुद्र धन्य,
मर्यादा-पुरुषोत्तम के सर्वोत्तम, अनन्य
लीलासहचर, दिव्यभावधर, इन पर प्रहार
करने पर होगी देवि, तुम्हारी विषम हार;
विद्या का ले आश्रय इस मन को दो प्रबोध,
झुक जायेगा कपि, निश्चय होगा दूर रोध।"
कह हुए मौन शिव, पवन-तनय में भर विस्मय
सहसा नभ में अंजना-रूप का हुआ उदय;
बोली माता–"तुमने रवि को जब लिया निगल
तब नहीं बोध था तुम्हें, रहे बालक केवल;
यह वही भाव कर रहा तुम्हें व्याकुल रह-रह,
यह लज्जा की है बात कि माँ रहती सह-सह;
यह महाकाश, है जहाँ वास शिव का निर्मल–
पूजते जिन्हें श्रीराम, उसे ग्रसने को चल
क्या नहीं कर रहे तुम अनर्थ?–सोचो मन में;
क्या दी आज्ञा ऐसी कुछ श्रीरघुनन्दन ने?
तुम सेवक हो, छोड़कर धर्म कर रहे कार्य–
क्या असम्भाव्य हो यह राघव के लिए धार्य?"
कपि हुए नम्र, क्षण में माताछवि हुई लीन,
उतरे धीरे-धीरे, गह प्रभु-पद हुए दीन।

राम का विषण्णानन देखते हुए कुछ क्षण,
"हे सखा", विभीषण बोले, "आज प्रसन्न वदन
वह नहीं, देखकर जिसे समग्र वीर वानर–
भल्लूक विगत-श्रम हो पाते जीवन-निर्जर;

रघुवीर, तीर सब वही तूण में हैं रक्षित,
है वही वक्ष, रण-कुशल हस्त, बल वही अमित,
हैं वही सुमित्रानन्दन मेघनाद-जित-रण,
हैं वही भल्लपति, वानरेन्द्र सुग्रीव प्रमन,
तारा-कुमार भी वही महाबल श्वेत धीर,
अप्रतिभट वही एक–अर्बुद-सम, महावीर,
है वही दक्ष सेना-नायक, है वही समर,
फिर कैसे असमय हुआ उदय यह भाव-प्रहर?
रघुकुल गौरव, लघु हुए जा रहे तुम इस क्षण,
तुम फेर रहे हो पीठ हो रहा जब जय रण!
कितना श्रम हुआ व्यर्थ! आया जब मिलन-समय,
तुम खींच रहे हो हस्त जानकी से निर्दय!
रावण, रावण, लम्पट, खल, कल्मष-गताचार,
जिसने हित कहते किया मुझे पाद-प्रहार,
बैठा उपवन में देगा दुख सीता को फिर,–
कहता रण की जय-कथा पारिषद-दल से घिर;–
सुनता वसन्त में उपवन में कल-कूजित पिक
मैं बना किन्तु लंकापति, धिक्, राघव, धिक् धिक्!"

सब सभा रही निस्तब्ध : राम के स्तिमित नयन
छोड़ते हुए, शीतल प्रकाश देखते विमन,
जैसे ओजस्वी शब्दों का जो था प्रभाव

उससे न इन्हें कुछ चाव, न हो कोई दुराव;
ज्यों हों वे शब्द मात्र,–मैत्री की समनुरक्ति,
पर जहाँ गहन भाव के ग्रहण की नहीं शक्ति।
कुछ क्षण तक रहकर मौन सहज निज कोमल स्वर
बोले रघुमणि–"मित्रवर, विजय होगी न समर;
यह नहीं रहा नर-वानर का राक्षस से रण,

उतरीं पा महाशक्ति रावण से आमन्त्रण;
अन्याय जिधर, हैं उधर शक्ति!" कहते छल-छल
हो गये नयन, कुछ बूँद पुनः ढलके दृगजल,
रुक गया कण्ठ, चमका लक्ष्मण-तेज : प्रचण्ड,
धँस गया धरा में कपि गह युग पद मसक दण्ड,
स्थिर जाम्बवान, समझते हुए ज्यों सकल भाव,
व्याकुल सुग्रीव,–हुआ उर में ज्यों विषम घाव,
निश्चित-सा करते हुए विभीषण कार्य-क्रम,
मौन में रहा यों स्पन्दित वातावरण विषम।

निज सहज रूप में संयत हो जानकी-प्राण
बोले–"आया न समझ में यह दैवी विधान;
रावण, अधर्मरत भी, अपना, मैं हुआ अपर–
यह रहा शक्ति का खेल समर, शंकर, शंकर!
करता मैं योजित बार-बार शर-निकर निशित
हो सकती जिनसे यह संसृति सम्पूर्ण विजित,
जो तेजःपुंज, सृष्टि की रक्षा का विचार
है जिनमें निहित पतनघातक संस्कृति अपार–
शत-शुद्धि-बोध–सूक्ष्मातिसूक्ष्म मन का विवेक,
जिनमें है क्षात्रधर्म का धृत पूर्णाभिषेक,
जो हुए प्रजापतियों से संयम से रक्षित,
वे शर हो गये आज रण में श्रीहत, खण्डित!
देखा, हैं महाशक्ति रावण को लिए अंक,
लांछन को ले जैसे शशांक नभ में अशंक
हत मन्त्रपूत शर संवृत करतीं बार-बार,
निष्फल होते लक्ष्य पर क्षिप्र वार पर वार!
विचलित लख कपिदल, क्रुद्ध युद्ध को मैं ज्यों-ज्यों,
झक-झक झलकती वह्नि वामा के दृग त्यों-त्यों,
पश्चात्, देखने लगीं मुझे, बँध गये हस्त,
फिर खिंचा न धनु, मुक्त ज्यों बँधा मैं हुआ त्रस्त!"

कह हुए भानुकुलभूषण वहाँ मौन क्षण-भर,
बोले विश्वस्त कण्ठ से जाम्बवान–"रघुवर,
विचलित होने का नहीं देखता मैं कारण,
हे पुरुष-सिंह, तुम भी यह शक्ति करो धारण,
आराधन का दृढ़ आराधन से दो उत्तर,
तुम वरो विजय संयत प्राणों से प्राणों पर;
रावण अशुद्ध होकर भी यदि कर सका त्रस्त
तो निश्चय तुम हो सिद्ध करोगे उसे ध्वस्त,
शक्ति की करो मौलिक कल्पना, करो पूजन,
छोड़ दो समर जब तक न सिद्धि हो, रघुनन्दन!
तब तक लक्ष्मण हैं महावाहिनी के नायक
मध्य भाग में, अंगद दक्षिण-श्वेत सहायक,
मैं भल्ल-सैन्य; हैं वाम पार्श्व में हनूमान,
नल, नील और छोटे कपिगण–उनके प्रधान;
सुग्रीव, विभीषण, अन्य यूथपति यथासमय
आयेंगे रक्षाहेतु जहाँ भी जहाँ भी होगा भय।"

खिल गयी सभा। "उत्तम निश्चय यह, भल्लनाथ!"
कह दिया वृद्ध को मान राम ने झुका माथ।
हो गये ध्यान में लीन पुनः करते विचार,
देखते सकल–तन पुलकित होता बार-बार।
कुछ समय अनन्तर इन्दीवर निन्दित लोचन
खुल गये, रहा निष्पलक भाव में मज्जित मन।
बोले आवेग-रहित स्वर से विश्वास-स्थित–
"मातः, दशभुजा, विश्व-ज्योतिः, मैं हूँ आश्रित;
हो विद्ध शक्ति से है खल महिषासुर मर्दित,
जनरंजन-चरण-कमल-तल, धन्य सिंह गर्ज्जित!
यह, यह मेरा प्रतीक, मातः, समझा इंगित;
मैं सिंह, इसी भाव से करूँगा अभिनन्दित।"
कुछ समय स्तब्ध हो रहे राम छवि में निमग्न,

फिर खोले पलक कमल-ज्योतिर्दल ध्यान-लग्न;
हैं देख रहे मन्त्री, सेनापति, वीरासन
बैठे उमड़ते हुए, राघव का स्मित आनन।
बोले भावस्थ चन्द्र-मुख-निन्दित रामचन्द्र,
प्राणों में पावन कम्पन भर, स्वर मेघमन्द्र–
"देखो, बन्धुवर सामने स्थित जो यह भूधर
शोभित शत-हरित-गुल्म-तृण से श्यामल सुन्दर,
पार्वती कल्पना हैं इसकी, मकरन्द-बिन्दु;
गरजता चरण-प्रान्त पर सिंह वह, नहीं सिन्धु;
दशदिक-समस्त हैं हस्त, और देखो ऊपर,
अम्बर में हुए दिगम्बर अर्चित शशि शेखर;
लख महाभाव-मंगल पदतल धँस रहा गर्व–
मानव के मन का असुर मन्द, हो रहा खर्व"
फिर मधुर दृष्टि से प्रिय कपि को खींचते हुए–
बोले प्रियतर स्वर से अन्तर सींचते हुए
"चाहिए हमें एक सौ आठ, कपि, इन्दीवर,
कम-से-कम अधिक और हों, अधिक और सुन्दर,
जाओ देवीदह, उषःकाल होते सत्वर,
तोड़ो, लाओ वे कमल, लौटकर लड़ो समर।"
अवगत हो जाम्बवान से पथ, दूरत्व, स्थान,
प्रभु-पद-रज सिर धर चले हर्ष भर हनूमान।
राघव ने विदा किया सबको जानकर समय,
सब चले सदय राम की सोचते हुए विजय।

निशि हुई विगतः नभ के ललाट पर प्रथम किरण
फूटी, रघुनन्दन के दृग महिमा-ज्योति-हिरण;
है नहीं शरासन आज हस्त–तूणीर स्कन्ध,
वह नहीं सोहता निविड़-जटा दृढ़ मुकुट-बन्ध;
सुन पड़ता सिंहनाद,–रण-कोलाहल अपार,
उमड़ता नहीं मन, स्तब्ध सुधी हैं ध्यान धार;

पूजोपरान्त जपते दुर्गा, दशभुजा नाम,
मन करते हुए मनन नामों के गुणग्राम;
बीता वह दिवस, हुआ मन स्थिर इष्ट के चरण,
गहन-से-गहनतर होने लगा समाराधन।
क्रम-क्रम से हुए पार राघव के पंच दिवस,
चक्र से चक्र मन चढ़ता गया ऊर्ध्व निरलस;
कर-जप पूरा कर एक चढ़ाते इन्दीवर,
निज पुरश्चरण इस भाँति रहे हैं पूरा कर।
चढ़ षष्ठ दिवस आज्ञा पर हुआ समाहित मन,
प्रति जप से खिंच-खिंच होने लगा महाकर्षण;
संचित त्रिकुटी पर ध्यान द्विदल देवी-पद पर,
जप के स्वर लगा काँपने थर-थर-थर अम्बर;
दो दिन-निष्पन्द एक आसन पर रहे राम,
अर्पित करते इन्दीवर, जपते हुए नाम;
आठवाँ दिवस, मन ध्यान-युक्त चढ़ता ऊपर
कर गया अतिक्रम ब्रह्मा-हरिशंकर का स्तर,
हो गया विजित ब्रह्माण्ड पूर्ण, देवता स्तब्ध,
हो गये दग्ध जीवन के तप के समारब्ध,
रह गया एक इन्दीवर, मन देखता-पार
प्रायः करने को हुआ दुर्ग जो सहस्रार,
द्विप्रहर रात्रि, साकार हुईं दुर्गा छिपकर,
हँस उठा ले गयीं पूजा का प्रिय इन्दीवर।
यह अन्तिम जप, ध्यान में देखते चरण युगल
राम ने बढ़ाया कर लेने को नील कमल;
कुछ लगा न हाथ, हुआ सहसा स्थिर मन चंचल
ध्यान की भूमि से उतरे, खोले पलक विमल,
देखा, वह रिक्त स्थान, यह जप का पूर्ण समय
आसन छोड़ना असिद्धि, भर गये नयनद्वय:–
"धिक् जीवन को जो पाता ही आया विरोध,
धिक् साधन, जिसके लिए सदा ही किया शोध!

जानकी! हाय, उद्धार प्रिया का न हो सका।"
वह एक और मन रहा राम का जो न थका;
जो नहीं जानता दैन्य, नहीं जानता विनय
कर गया भेद वह मायावरण प्राप्त कर जय,
बुद्धि के दुर्ग पहुँचा, विद्युत्-गति हतचेतन
राम में जगी स्मृति, हुए सजग पा भाव प्रमन।
"यह है उपाय" कह उठे राम ज्यों मन्द्रित घन–
"कहती थीं माता मुझे सदा राजीवनयन!
दो नील कमल हैं शेष अभी, यह पुरश्चरण
पूरा करता हूँ देकर मातः एक नयन।"
कहकर देखा तूणीर ब्रह्मशर रहा झलक,
ले लिया हस्त, लक-लक करता वह महाफलक;
ले अस्त्र वाम कर, दक्षिण कर दक्षिण लोचन
ले अर्पित करने को उद्यत हो गये सुमन।
जिस क्षण बँध गया बेधने को दृग दृढ़ निश्चय,
काँपा ब्रह्माण्ड, हुआ देवी का त्वरित उदय :–

"साधु, साधु, साधक धीर, धर्म-धन धन्य राम!"
कह लिया भगवती ने राघव का हस्त थाम।
देखा राम ने–सामने श्री दुर्गा, भास्वर
वाम पद असुर-स्कन्ध पर, रहा दक्षिण हरि पर;
ज्योतिर्मय रूप, हस्त दश विविध अस्त्र-सज्जित,
मन्द स्मित मुख, लख हुई विश्व की श्री लज्जित,
हैं दक्षिण में लक्ष्मी, सरस्वती वाम भाग,
दक्षिण गणेश, कार्तिक बायें रण-रंग राग,
मस्तक पर शंकर। पदपद्मों पर श्रद्धाभर
श्री राघव हुए प्रणत मन्दस्वर वन्दन कर।
"होगी जय, होगी जय, हे पुरुषोत्तम नवीन!"
कह महाशक्ति राम के वदन में हुईं लीन।

सरोज स्मृति

•

सूर्यकान्त त्रिपाठी 'निराला'

ऊनविंश पर जो प्रथम चरण
तेरा वह जीवन-सिन्धु-तरण;
तनये, ली कर दृक्पात तरुण
जनक से जन्म की विदा अरुण!
गीते मेरी, तज रूप-नाम
वर लिया अमर शाश्वत विराम
पूरे कर शुचितर सपर्याय
जीवन के अष्टादशाध्याय,
चढ़ मृत्यु-तरणि पर तूर्ण-चरण
कह–"पितः, पूर्ण आलोक वरण
करती हूँ मैं, यह नहीं मरण,
'सरोज' का ज्योति:शरण–तरण"–
अशब्द अधरों का, सुना, भाष,
मैं कवि हूँ, पाया है प्रकाश
मैंने कुछ अहरह रह निर्भर
ज्योतिस्तरणा के चरणों पर।
जीवित-कविते, शत-शर-जर्जर
छोड़कर पिता को पृथ्वी पर
तू गयी स्वर्ग, क्या यह विचार–
"जब पिता करेंगे मार्ग पार
यह, अक्षम अति, तब मैं सक्षम,

तारूँगी कर गह दुस्तर तम?"
कहता तेरा प्रयाण सविनय,–
कोई न अन्य था भावोदय।
श्रावण-नभ का स्तब्धान्धकार
शुक्ला प्रथमा, कर गयी पार!

धन्ये, मैं पिता निरर्थक था,
कुछ भी तेरे हित न कर सका!
जाना तो अर्थागमोपाय
पर रहा सदा संकुचित-काय
लखकर अनर्थ आर्थिक पथ पर
हारता रहा मैं स्वार्थ-समर।
शुचिते, पहनाकर चीनांशुक
रख सका न तुझे अतः दधिमुख।
क्षीण का न छीना कभी अन्न,
मैं लख न सका वे दृग विपन्न;
अपने आँसुओं अतः बिम्बित
देखे हैं अपने ही मुख-चित।
सोचा है नत हो बार-बार–
"यह हिन्दी का स्नेहोपहार,
यह नहीं हार मेरी भास्वर
वह रत्नहार–लोकोत्तर वर।"
अन्यथा, जहाँ है भाव शुद्ध
साहित्य-कला-कौशल-प्रबुद्ध,
हैं दिये हुए मेरे प्रमाण
कुछ वहाँ, प्राप्ति को समाधान,–
पार्श्व में अन्य रख कुशल हस्त
गद्य में पद्य में समाभ्यस्त।
देखें वे; हँसते हुए प्रवर
जो रहे देखते सदा समर,

एक साथ जब शत घात घूर्ण
आते थे मुझ पर तुले तूर्ण।
देखता रहा मैं खड़ा अपल
वह शर क्षेप, वह रण-कौशल।
व्यक्त हो चुका चीत्कारोत्कल
क्रुद्ध युद्ध का रुद्ध-कण्ठ फल।
और भी फलित होगी वह छवि,
जागे जीवन जीवन का रवि,
लेकर, कर कल तूलिका कला,
देखो क्या रंग भरती विमला,
वांछित उस किस लांछित छवि पर
फेरती स्नेह की कूची भर।
अस्तु मैं उपार्जन को अक्षम
कर नहीं सका पोषण उत्तम
कुछ दिन को, जब तू रही साथ,
अपने गौरव से झुका माथ।
पुत्री भी, पिता-गेह में स्थिर,
छोड़ने के प्रथम जीर्ण अजिर।
आँसुओं सजल दृष्टि की छलक,
पूरी न हुई जो रही कलक
प्राणों की प्राणों में दबकर
कहती लघु-लघु उसाँस में भर;
समझता हुआ मैं रहा देख
हटती भी पथ पर दृष्टि टेक।

तू सवा साल की जब कोमल;
पहचान रही ज्ञान में चपल,
माँ का मुख, हो चुम्बित क्षण-क्षण,
भरती जीवन में नव जीवन,
वह चरित पूर्ण कर गयी चली,

तू नानी की गोद जा पली।
सब किये वहीं कौतुक-विनोद
उस घर निशि-वासर भरे मोद;
खाई भाई की मार, विकल
रोई, उत्पल-दल-दृग-छलछल;
चुमकारा सिर उसने निहार,
फिर गंगा-तट-सैकत विहार
करने को लेकर साथ चला,
तू गहकर चली हाथ चपला;
आँसुओं धुला मुख हासोच्छल,
लखती प्रसार वह ऊर्मि-धवल।
तब भी मैं इसी तरह समस्त,
कवि जीवन में व्यर्थ भी व्यस्त;
लिखता अबाध गति मुक्त छन्द,
पर सम्पादकगण निरानन्द
वापस कर देते पढ़ सत्वर
रो एक-पंक्ति-दो में उत्तर।
लौटी रचना लेकर उदास
ताकता हुआ मैं दिशाकाश
बैठा प्रान्तर में दीर्घ प्रहर
व्यतीत करता था गुन-गुन कर
सम्पादक के गुण; यथाभ्यास
पास की नोचता हुआ घास
अज्ञात फेंकता इधर-उधर
भाव की चढ़ी पूजा उन पर।

याद है दिवस की प्रथम धूप
थी पड़ी हुई तुझ पर सुरूप,
खेलती हुई तू परी चपल,
मैं दूरस्थित प्रवास से चल
दो वर्ष बाद, होकर उत्सुक

देखने के लिए अपने मुख
था गया हुआ, बैठा बाहर
आँगन में फाटक के भीतर
मोढ़े पर ले कुण्डली हाथ
अपने जीवन की दीर्घ गाथ।
पढ़, लिखे हुए शुभ दो विवाह
हँसता था, मन में बढ़ी चाह
खण्डित करने को भाग्य-अंक,
देखा भविष्य के प्रति अशंक।
इससे पहले आत्मीय स्वजन
सस्नेह कह चुके थे, जीवन
सुखमय होगा, विवाह कर लो
जो पढ़ी-लिखी हो–सुन्दर हो।
आये ऐसे अनेक परिणय,
पर विदा किया मैंने सविनय
सबको, जो अड़े प्रार्थना भर
नयनों में, पाने को उत्तर
अनुकूल, उन्हें जब कहा निडर–
"मैं हूँ मंगली", मुड़े सुनकर।
इस बार एक आया विवाह
जो किसी तरह भी हतोत्साह
होने को न था, पड़ी अड़चन,
आया मन में भर आकर्षण
उन नयनों का सासु ने कहा–
"वे बड़े भले जन हैं, भय्या,
एंट्रेंस पास है लड़की वह,
बोले मुझ से, छब्बिस ही तो
वर की है उम्र, ठीक ही है,
लड़की भी अट्ठारह की है।"
फिर हाथ जोड़ने लगे, कहा–

"वे नहीं कर रहे ब्याह, अहा!
हैं सुधरे हुए बड़े सज्जन!
अच्छे कवि, अच्छे विद्वज्जन!
हैं बड़े नाम उनके! शिक्षित
लड़की भी रूपवती, समुचित
आपको यही होगा कि कहें
हर तरह उन्हें, वर सुखी रहें।'
आयेंगे कल।" दृष्टि थी शिथिल,
आयी पुतली तू खिल-खिल-खिल
हँसती, मैं हुआ पुनः चेतन,
सोचता हुआ विवाह-बन्धन।
कुण्डली दिखा बोला–"ए–लो"
आई तू, दिया, कहा "खेलो!"
कर स्नान-शेष, उन्मुक्त-केश
सासुजी रहस्य-स्मित सुवेश
आईं करने को बातचीत
जो कल होने वाली, अजीत;
संकेत किया मैंने अखिन्न
जिस ओर कुण्डली छिन्न-भिन्न,
देखने लगीं वे विस्मय भर
तू बैठी संचित टुकड़ों पर!
धीरे-धीरे फिर बढ़ा चरण,
बाल्य की केलियों का प्रांगण
कर पार, कुंज-तारुण्य सुघर
आई, लावण्य-भार थर-थर
काँपा कोमलता पर सस्वर
ज्यों मालकौश नव वीणा पर;
नैश स्वप्न ज्यों तू मन्द-मन्द
फूटी ऊषा–जागरण-छन्द;
काँपी भर निज आलोक भार,

काँपा वन, काँपा दिक् प्रसार।
परिचय-परिचय पर खिला सकल–
नभ, पृथ्वी, द्रुम, कलि, किसलय-दल।
क्या दृष्टि! अतल की सिक्त-धार
ज्यों भोगावती उठी अपार,
उमड़ता ऊर्ध्व को कल सलील
जल टलमल करता नील-नील,
पर बँधा देह के दिव्य बाँध,
छलकता दृगों से साध-साध।
फूटा कैसा प्रिय कण्ठ-स्वर
माँ की मधुरिमा व्यंजना भर।
हर पिता-कण्ठ की दृप्त-धार
उत्कलित रागिनी की बहार!
बन जन्मसिद्ध गायिका, तन्वि,
मेरे स्वर की रागिनी वह्नि
साकार हुई दृष्टि में सुघर,
समझा मैं क्या संस्कार प्रखर।
शिक्षा के बिना बना वह स्वर
है, सुना न अब तक पृथ्वी पर!
जाना बस, पिक-बालिका प्रथम
पल अन्य नीड़ में जब सक्षम
होती उड़ने को, अपना स्वर
भर करती ध्वनित मौन प्रान्तर।
तू खिंची दृष्टि में मेरी छवि,
जागा उर में तेरा प्रिय कवि,
उन्मनन-गुंज सज हिला कुंज
तरु-पल्लव कलि-दल पुंज-पुंज,
बह चली एक अज्ञात बात
चूमती केश–मृदु नवल गात,
देखती सकल निष्पलक-नयन
तू, समझा मैं तेरा जीवन।

सासु ने कहा लख एक दिवस–
"भैया अब नहीं हमारा बस,
पालना-पोसना रहा काम,
देना 'सरोज' को धन्य-धाम,
शुचि वर के कर, कुलीन लखकर,
है काम तुम्हारा धर्मोत्तर;
अब कुछ दिन इसे साथ लेकर
अपने घर रहो, ढूँढ़कर वर
जो योग्य तुम्हारे, करो ब्याह
होंगे सहाय हम सहोत्साह।"
सुनकर, गुनकर चुपचाप रहा,
कुछ भी न कहा, न अहो, न अहा,–
ले चला साथ मैं तुझे, कनक
ज्यों भिक्षुक लेकर; स्वर्ण-झनक
अपने जीवन की, प्रभा विमल
ले आया निज गृह-छाया-तल।
सोचा मन में हत बार-बार–
'ये कान्यकुब्ज-कुल-कुलांगार
खाकर पत्तल में करें छेद,
इनके कर कन्या, अर्थ खेद;
इस विषय-बेलि में विष ही फल,
यह दग्ध मरुस्थल,–नहीं सुजल।'
फिर सोचा–'मेरे पूर्वजगण
गुजरे जिस राह, वही शोभन
होगा मुझको, यह लोक-रीति
कर दूँ पूरी, गो नहीं भीति
कुछ मुझे तोड़ते गत विचार;
पर पूर्ण रूप प्राचीन भार
ढोने में हूँ अक्षम; निश्चय
आयेगी मुझमें नहीं विनय

उतनी जो रेखा करे पार
सौहार्द-बन्ध की, निराधार।
वे जो जमुना के-से कछार
पद, फटे बिवाई के, उधार
खाये के मुख ज्यों, पिये तेल
चमरौधे जूते से सकेल
निकले, जी लेते, घोर-गन्ध,
उन चरणों को मैं यथा अन्ध,
कल घ्राण-प्राण से रहित व्यक्ति
हो पूजूँ, ऐसी नहीं शक्ति।
ऐसे शिव से गिरिजा-विवाह
करने की मुझको नहीं चाह।'

फिर आई याद–मुझे सज्जन
है मिला प्रथम ही विद्वज्जन
नवयुवक एक, सत्साहित्यिक,
कुल कान्यकुब्ज, यह नैमित्तिक
होगा कोई इंगित अदृश्य,
मेरे हित है हित यही स्पृश्य
अभिनन्दनीय। बँध गया भाव,
खुल गया हृदय का स्नेह-स्राव;
खत लिखा, बुला भेजा तत्क्षण,
युवक भी मिला प्रफुल्ल, चेतन।
बोला मैं–"मैं हूँ रिक्त हस्त
इस समय, विवेचन में समस्त–
जो कुछ है मेरा अपना धन
पूर्वज से मिला करूँ अर्पण
यदि महाजनों को, तो विवाह
कर सकता हूँ; पर नहीं चाह
मेरी ऐसी, दहेज देकर मैं
मूर्ख बनूँ, यह नहीं सुघर,

बारात बुलाकर मिथ्या व्यय
मैं करूँ, नहीं ऐसा सुसमय।
तुम करो ब्याह, तोड़ता नियम
मैं सामाजिक योग के प्रथम,
लग्न के, पढ़ूँगा स्वयं मन्त्र
यदि पण्डितजी होंगे स्वतन्त्र।
जो कुछ मेरे, वह कन्या का,
निश्चय समझो, कुल धन्या का।"
आये पण्डितजी, प्रजावर्ग
आमन्त्रित साहित्यिक, ससर्ग
देखा विवाह आमूल नवल;
तुझ पर शुभ पड़ा कलश का जल।
देखती मुझे तू, हँसी मन्द,
होंठों में बिजली फँसी, स्पन्द
उर में भर झूली छबि सुन्दर,
प्रिय की अशब्द शृंगार-मुखर
तू खुली एक उच्छ्वास-संग,
विश्वास-स्तब्ध बँध अंग-अंग,
नत नयनों से आलोक उत्तर
काँपा अधरों पर थर-थर-थर।
देखा मैंने, वह मूर्ति-धीति
मेरे वसन्त की प्रथम गीति–
शृंगार, रहा जो निराकार
रस कविता में उच्छ्वसित-धार
गाया स्वर्गीया-प्रिया-संग
भरता प्राणों में राग-रंग
रति-रूप प्राप्त कर रहा वही,
आकाश बदलकर बना मही।

हो गया ब्याह, आत्मीय स्वजन
कोई थे नहीं, न आमन्त्रण
था भेजा गया, विवाह-राग
भर रहा न घर निशि-दिवस-जाग;
प्रिय मौन एक संगीत भरा
नव जीवन के स्वर पर उतरा।
माँ की कुल शिक्षा मैंने दी,
पुष्प-सेज तेरी स्वयं रची,
सोचा मन में–'वह शकुन्तला,
पर पाठ अन्य यह, अन्य कला।'
कुछ दिन रह गृह, तू फिर समोद,
बैठी नानी की स्नेह-गोद।
मामा-मामी का रहा प्यार,
भर जलद धरा को ज्यों अपार;
वे ही सुख-दुख में रहे न्यस्त,
तेरे हित सदा समस्त, व्यस्त;
वह लता वहीं की, जहाँ कली
तू खिली, स्नेह से हिली, पली;
अन्त भी उसी गोद में शरण
ली, मूँदे दृग वर महामरण!

मुझ भाग्यहीन की तू सम्बल
युग वर्ष बाद जब हुई विकल,
दुख ही जीवन की कथा रही,
क्या कहूँ आज, जो नहीं कही!
हो इसी कर्म पर वज्रपात
यदि धर्म, रहे नत सदा माथ
इस पथ पर, मेरे कार्य सकल
हों भ्रष्ट शीत के से शतदल!
कन्ये, गत कर्मों का अर्पण
कर, करता मैं तेरा तर्पण!

सुमित्रानन्दन पन्त

आचार्य हजारीप्रसाद द्विवेदी के शब्दों में "पल्लव बिल्कुल नये काव्य-गुणों को लेकर हिन्दी-साहित्य जगत् में आया...पन्त में कल्पना शब्दों के चुनाव से ही शुरू होती है। छन्दों के निर्वाचन और परिवर्तन में भी वह व्यक्त होती है। उसका प्रवाह अत्यन्त शक्तिशाली है। इसके साथ जब प्रकृति और मान्व-सौन्दर्य के प्रति कवि के बालकोचित औतसुक्य और कुतूहल के भावों का सम्मिलन होता है तो ऐसे सौन्दर्य की सृष्टि होती है जो पुराने काव्य के रसिकों के निकट परिचित नहीं होता। कम संवेदनशील पुराने सहृदय इस नई कविता से बिदक उठे थे और अधिक संवेदननशील सहृदय प्रसन्न हुए थे। पल्लव के भावों की अभिव्यक्ति में अद्भुत सरलता और ईमानदारी थी। कवि बँधी रूढ़ियों के प्रति कठोर नहीं है, उसने उनके प्रति व्यंग्य और उपहास का प्रहार नहीं किया, परवह उनकी बाहरी बातों की उपेक्षा करके अन्तराल में स्थित सहज सौन्दर्य की ओर पाठक का ध्यान आकृष्ट करता है। मनुष्य के कोमल स्वभाव, बालिका के अकृत्रिम प्रीति-स्निग्ध हृदय और प्रकृति के विराट और विपुल रूपों में अन्तर्निहित शोभा का ऐसा हृदयहारी चित्रण उन दिनों अन्यत्र नहीं देखा गया।"

सुमित्रानन्दन पन्त का जन्म 20 मई 1900 कोसानी उत्तरांचल में हुआ था। जिनकी प्रारम्भिक शिक्षा कौसानी के वर्नाक्यूलर स्कूल में हुई थी। 1918 में कौसानी से काशी चले गए, वहीं से प्रवेशिका परीक्षा पास की। प्रकाशित पुस्तकें:

कविता-संग्रह : 'वीणा', 'ग्रन्थि', 'पल्लव', 'गुंजन', 'ज्योत्स्ना', 'युगपथ', 'युगवाणी', 'ग्राम्य', 'स्वर्णकिरण', 'स्वर्णधूलि', 'मधुज्वाला', 'उत्तरा', 'रजत-शिखर', 'शिल्पी', 'सौवर्ण', 'युगपुरुष', 'छाया', 'अतिमा', 'किरण-वीणा', 'वाणी', 'कला और बूढ़ा चाँद', 'पौ फटने से पहले', 'चिदम्बरा', 'पतझर' (एक भाव-क्रान्ति), 'गीतहंस', लोकायतन', 'शंखध्वनि', 'शशि की तरी', 'समाधिता', 'आस्था', 'सत्यकाम', 'गीत-अगीत', 'संक्रान्ति', 'स्वच्छन्द', 'कथा-साहित्य-

हार', 'पाँच कहानियाँ', आलोचना एवं अन्य **गद्य-साहित्य-छायावाद** : 'पुनर्मूल्यांकन', 'शिल्प और दर्शन', 'कला और संस्कृति', 'साठ वर्ष : एक रेखांकन'।

सम्मान : 1960 में 'कला' और 'बूढ़ा चाँद' के लिए 'साहित्य अकादेमी पुरस्कार', 1961 में 'पद्मभूषण' की उपाधि, 1965 में 'लोकायतन' पर 'सोवियत लैंड नेहरू पुरस्कार', 1969 में 'चिदंबरा' पर 'ज्ञानपीठ पुरस्कार'।

मृत्यु : 28 दिसम्बर, 1977 को देहावसान।

परिवर्तन

हिन्दी कविता की नीहारिका, सम्प्राति अपने प्रेमियों के तरुण उत्साह के तीव्र ताप से प्रगति-पथ, साहित्याकाश में अत्यन्त वेग से घूम रही हैं; समय-समय पर जो छोटे-मोटे तारक पिण्ड उससे टूट पड़ते हैं, वे अभी ऐसी शक्ति तथा प्रकश संगृहीत नहीं कर पाये हैं कि अपनी ही ज्योति में अपने लिए नियमित पन्थ खोज सकें, जिससे हमारे ज्योतिषी उनकी गतिविधि पर निश्चित सिद्धान्त निर्धारित कर लें; ऐसी दशा में कहा नहीं जा सकता कि यह अस्तव्यस्त केन्द्र परिधिहीन द्रवित वाष्प पिण्ड निकट भविष्य में किस स्वस्थ स्वरूप में घनीभूत होगा, कैसा आकार-प्रकार ग्रहण करेगा; हमारे सूर्य की कैसी प्रभा होगी, चाँद की कैसी सुधा; हमारे प्रभात में कितना सोना होगा, रात में कितनी चाँदी!

पर मनुष्य के ज्ञान का विकास पदार्थों की अज्ञात परिधि पर निर्भर न रह कर अपने ही परिचय के अन्तरिक्ष के भीतर परिपूर्णता प्राप्त क़रता जाता है; जब तक वह पुथ्वी की गोलाई तक नहीं पहुँचा था, वह उसे चिपटी मानकर भी चलता रहा, हम अपने प्रौढ़ पगों के लिए नहीं ठहरते, घुटनों के बल चलने के नियमों को सीखकर ही आगे बढ़ते हैं। सच तो यह कि हम भूमिका बाँधना नहीं छोड़ सकते।

अब ब्रजभाषा और खड़ी बोली के बीच जीवन-संग्राम का युग बीत गया, उन दिनों मैं साहित्य का ककहरा भी नहीं जानता था। उस सुकुमार माँ के गर्भ से जो यह ओजस्विनी कन्या पैदा हुई हैं, आज सर्वत्र इसी की छटा है, इसकी बाणी में विद्युत है। हिन्दी ने अब तुतलाना छोड़ दिया, वह 'पिय' को 'प्रिय' कहने लगी है। उसका किशोर कण्ठ फूट गया, अस्फुट अंग कट-छँट गये, उनकी अस्पष्टता में एक स्पष्ट स्वरूप की झलक आ गयी; वह विपुल विस्तृत हो गयी; हृदय में नवीन भावनाएँ, नवीन कल्पनाएँ उठने लगीं, ज्ञान की परिधि बढ़ गयी, चारों दिशाओं से विविध समीर के झोंके उसके चित्त को रोमांचित करने लगे, उसे चाँद में नवीन सौन्दर्य, मेघ में नवीन गर्जन सुनाई देने लगा। वह अज्ञात यौवन कलिका अब विकसित हो

गयी; प्रभात के सूर्य ने उसका उज्ज्वल मूख चूम, उसे अजस्र आशीवार्द दे दिया, चारों ओर से भौंरे आकर उसे नव सन्देश सुनाने लगे; उसके सौरभ को वायुमण्डल इधर-उधर वहन करने लग गया, विश्वजननी प्रकृति ने उसके भाल पर स्वयं अपने हाथ से केसर का सुहाग टीका लगा दिया, उसके प्राणों में अक्षय मधु भर दिया है।

जब ब्रज की बाँसुरी में अमृत था, नन्दन की मधु ऋतु थी; उसमें रसिक श्याम के प्रेम की फूँक थी, उसके जादू से सूर सागर लहरा उठा, मिठास से तुलसी मानस उमड़ चला। आज भी वह कुछ हाथों की तूम्बी बनी हुई है, जो प्राचीन जीर्ण-शीर्ण खण्डहरों के टूटे-फटे कोनों तथा गन्दे छिद्रों से दो-एक दन्तहीन बूढ़े साँपों को जगा, उनका अन्तिम जीवन-नृत्य दिखला, साहित्य की टोकरी भरने तथा प्रवीण कलाकुशल बाजीगर कहलाने की चेष्टा कर रहे है; दस बरस बाद, ये प्राणहीन केचुलियाँ, शायद, इनके आँख झाड़ने के काम आयेंगी लेकिन यह अपवाद ही खड़ी बोली की विजय का प्रमाण है। अब भारत के कृष्ण ने मुरली छोड़ पाँचजन्य उठा लिया; सुप्त देश की सुप्त वाणी जाग्रत हो उठी, खड़ी बोली उस जागृति की शंख ध्वनि है। ब्रज भाषा में नींद की मिठास थी, इसमें जागृति का स्पन्दन, उसमें रात्रि की अकर्मण्य स्वप्नमय ज्योत्स्ना, इसमें दिवस का सशब्द कार्यव्यग्र प्रकाश।

ब्रज भाषा के मोम में भक्ति का पवित्र चित्र, उसके माखन में श्रृंगार की कोमल करुण मूर्ति खूब उतरी है। वह सुख-सम्पन्न भारत के हृदय-तन्त्री की झंकार है उसके स्वर में शान्ति ही ब्रज भाषा के रूप में बदल गयी। वह था सम्राट अकबर, जहाँगीर तथा शाहजहाँ का सुव्यवस्थित राज्यकाल; जिनकी निर्द्वन्द्व छत्रछाया में उनकी शान्तिप्रियता, कला-प्रेम तथा शासन प्रबन्ध रूपी विपुल खाद्य सामग्री पाकर चिरकाल से पीड़ित भारत एक बार फिर विविध ऐश्वर्यों में लहलहा उठा। राजा-महाराजाओं ने स्वयं अपने हाथों से संगीत, शिल्प, चित्र तथा काव्य-कला के मूलों को सींचा, कलाविदों को तरह-तरह से प्रोत्साहित किया। संगीत की आकाश लता अनन्त झंकारों में खिल-खिलकर समस्त वायुमण्डल में छा गयी, मृग चरना भूल गये, मृगराज उन पर टूटना। तानसेन की सुधा सिंचित राग-रागिनियाँ-जिन्हें कहीं शेषनाग सुन ले तो उसके सिर पर रखे हुए धरा मेरु डाँवाडोल हो जायें, इस भय से विधाता ने उसे कान नहीं दिये–अभी तक हमारे वसन्तोत्सव में कोकिलाओं के कण्ठों से मधुस्त्रवण करती है। शिल्प तथा चित्रकलाओं की पावस हरीतिमा ने सर्वत्र भीतर बाहर राजप्रासादों को लपेट लिया। चतुर चित्रकारों ने अपने चित्रों में भावों की सूक्ष्मता और सुकुमारता, सुरों की सजधज तथा सम्पूर्णता, जान पड़ता है, अपनी अनिमेष चितवन की अंचल बरुनियों, अपने भाव मुग्ध हृदय के तन्मय रोओं से चित्रित की। शाहजादा दारा का 'अलबम' चित्रकारी के चमत्कार की चकाचौंध

है। शिल्पकला के अनेक शतदल दिल्ली, लखनऊ, आगरा आदि शहरों में अपनी सम्पूर्णता तथा उत्कर्ष में अमर और अम्लान खड़े हैं; ताजमहल में मानो शिल्पकला ही गलाकर ढाल दी गयी।

देव, बिहारी, केशव आदि कवियों के अनिन्द्य पुष्पोद्यान अभी तक अपनी अमन्द सौरभ तथा अनन्त मधु से राशि-राशि भौरों को मुग्ध कर रहे हैं : यहाँ कूल, केलि, कछार, कुंजों में, सर्वत्र असुप्त वसन्त शोभित है। बीचोबीच बहती हुई नीली यमुना में, उसकी फेनोज्ज्वल चंचल तरंगों-सी, असंख्य सुकुमारियाँ श्याम के अनुराग में डूब रही हैं। वहाँ बिजली छिपे अभिसार करती, भौंरे सन्देश पहुँचाते, चाँद चिनगारियाँ बरसाता है। वहाँ छहों ऋतुएँ कल्पना के बहुरंगी पंखों में उडकर, स्वर्ग की अप्सराओं की तरह, उस नन्दन वन के चारों ओर अनवरत परिक्रमा कर रही है। उस 'चन्द्रिकाधौतहर्म्या वसतिरलका' के आसपास 'आनन ओप उपास' से नित प्रति पूनो ही रहती है। चपला की चंचल डोरियों में पैंग भरते हुए नये बादलों के हिडोरे पर झूलती हुई इन्द्रधनुष सुकुमारियाँ झरी की झमक और घटा की घमक में हिंडोरे की रमक मिला रही हैं। वहाँ सौन्दर्य अपनी ही सुकुमारता में अन्तर्धान हो रहा, समस्त नक्षत्र मण्डल उसके श्रीचरणों पर निछावर हो नखाबलि बन गया, अलंकारों की झनक ने देह वीणा में फूटकर रूप को स्वर दे दिया है। वहाँ फूलों में काँटे नहीं, फूल ही विरह से सूखकर काँटो में बदल गये हैं; यह कल्पना का अनिर्वचनीय इन्द्रजाल है, प्रेम की पलकों पर सौन्दर्य का स्वप्न हैं, मृर्त्य के हृदय में स्वर्ग का बिम्ब है, मनोवेगो की अराजकता है। सच है, 'पल-पल पर पल-टन लगे जाके अंग अनूप' ऐसी उस ब्रज बाला के स्वरूप को कौन वर्णन कर सकता है? उस माधुर्य के मेनका की कल्पना का अंचल छोर उसके उपासकों के श्वासोच्छवासों के चार वायु में उड़ता हुआ, नीलाकाश की तरह फैलकर, कभी आध्यात्मिकता के नीरव पुलिनों को भी स्पर्श कर आता हैं, पर कामना के झोंके शीघ्र ही सौ-सौ हाथों से उसे खीच लेते हैं। वह ब्रज के दूध, दही और माखन से पूर्ण प्रस्फुटित यौवन अपनी बाह्य रूप राशि पर इतनी मुग्ध रहती है कि उसे अपने अन्तर्जगत के सौन्दर्य के उपभोग करने, उसकी ओर दृष्टिपात करने का अवकाश ही नहीं मिलता, निःसन्देह, उसका सौन्दर्य अपूर्व हैं, भाषातीत है–यह उस युग का नन्दन कानन है! जहाँ सौन्दर्य की अप्सरा अपनी ही छवि की प्रभा में स्वच्छन्दतापूर्वक विहार करती है। अब हम उस युग का कैलास देखेंगे जहाँ सुन्दरता तपस्या बनी हुई, कामना की अग्नि परीक्षा में उत्तीर्ण हो, प्रेम की लोकोज्ज्वल कारिणी स्निग्ध चन्द्रिका में संयम की स्थिर दीपशिखा-सी, शुद्ध एवं निष्कलुष सुशोभित है। वह उस युग का शत-शत ध्वनिपूर्ण कल्लोलों में विलोड़ित बाह्य स्वरूप हैं, यह उसका गम्भीर, निर्वाक् अन्तस्तल!

हमें अपनी दिनचर्या में भी, प्राय: एक प्रकार का तुम मिलता है, जो उसे संयमित तथा सीमाबद्ध रखता; जिसकी ओर दिन की छोटी-मोटी कार्यकारिणी शक्तियाँ आकर्षित रहती है। जब हम उस सीमा को असावधानी के कारण उल्लंघन कर बैठते हैं, तक हमारे कार्य हमें तृप्ति नहीं देते; हमारे हृदय में एक प्रकार का असन्तोष जमा हो जाता; हम अपनी दिनचर्या का केन्द्र खो बैठते, और स्वयं अपनी ही आँखों मे बेतुके-से लगते है। एक और कारण से भी हम अपने जीवन का तुक खो बैठते हैं—जब हम अधिक कार्य व्यग्र अथवा भायाक्रान्त रहते, उस समय काम-काज का ऐसा ताप, क्रिया का ऐसा स्पन्दन कम्पन रहता है कि हमें अपनी स्वाभाविक दिनचर्या में बरते जाने वाले व्यवहार के लिए, जीवन के स्वतन्त्र क्षणों में प्रत्येक कार्य के साथ जो एक आनन्द की सृष्टि कि जाती, उसके लिए, अवकाश ही नहीं मिलता, हमारे कार्य-प्रवाह में तीव्र गति रहती, हमारा जीवन का एक अश्रान्त दौड़-सा, कुछ समय के लिए, बन जाता है। यही ब्लैंक वर्स अथवा अतुकान्त कविता हैं। इसमें कर्म (एक्शन) का प्राधान्य रहता है, दिन की उज्ज्वल ज्योति में काम का अधिक प्रकाश रहता है, उनमें हमें तुक नहीं मिलता; प्रभात और सन्ध्या के अवकाशपूर्ण घाटों पर हमें इस तुक के दर्शन मिलते हैं, प्रत्येक पदार्थ में एक सोने की भावपूर्ण, शान्त, संगीतमय छाप-सी लग जाती, यही गीति-काव्य है।

हिन्दी में रोला छन्द अन्त्यानुप्रासहीन कविता के लिए विशेष उपयुक्त जान पड़ता है, उसी साँसों में प्रशस्त जीवन तथा स्पन्दन मिलता है। उसके तुरही के समान स्वर से निर्जीव शब्द भी फड़क उठते है। ऐसा जान पड़ता है, उसके राजपथ में मेला लगा है, प्रत्येक शब्द 'प्रवाल शोभा इव पादपानां' तरह-तरह के संकेत तथा चेष्टाएँ करता, हिलता-डुलता आगे बढ़ता है।

भिन्न-भिन्न छन्दों की भिन्न-भिन्न गति होती, और तदनुसार वे रस-विशेष की सृष्टि करने में भी सहायता देते हैं। रघुवंश में 'अज विलाप' का बैतालीय छन्द करुण रस की अवतारणा के लिए कितना उपयुक्त है? उसके स्वर में कितनी कायरता, दीनता तथा व्याकुलता भरी है? जैसे अधिक उद्वेग के कारण उसका कण्ठ गद्‌गद हो गया हो, भर गया हो। यदि विहाग राग की तरह उस छन्द का चित्र भी कहीं होता तो उसकी आँखों में अवश्य आँसुओं का समुद्र उमड़ता हुआ मिलता। मालिनी छन्द में भी करुण आह्वान अच्छा लगा है।

हिन्दी के प्रचलित छन्दों में पीयूष वर्षण, रूपमाला, सखी और प्लवंगम छन्द करुणारस के लिए मुझे विशेष उपयुक्त लगते है। पीयूष वर्षण की ध्वनि से केसी उदासीनता टपकती है? मरुभूमि में बहने वाली निर्जन तटिनी की तरह, जिसके किनारे पत्र पुष्पों के शृंगार से विहीन, जिसकी धारा लहरों के चंचल कलरव तथा

हास-परिहास से वंचित रहती, यह छन्द भी, वैधव्य वेश में, अकेलेपन में सिसकता हुआ, श्रान्त गति से, अपने ही अश्रुजल से सिक्त धीरे-धीरे बहता है। हरिगीतिका छन्द भी करुणारस के लिए अच्छा है।

रोला और रूपमाला दोनों छन्द चौबीस मात्रा के है; पर इन दोनों की गति में कितना अन्तर है? रोला जहाँ बरसाती नाले की तरह अपने पथ की रुकावटों को लाँघता तथा कलनाद करता हुआ आगे बढ़ता है, वहाँ रूपमाला दिनभर के काम-धन्धे के बाद अपनी ही थकावट के बोझ से लदे हुए किसान की तरह, चिन्ता में डूबा हुआ, नीची दृष्टि किये, ढीले पाँवों से जैसे घर की ओर जाता है।

राधिका छन्द में ऐसा जान पड़ता है, जैसे इसकी क्रीड़ा प्रियता अपने ही परदों में 'गत' बजा रही हो। जैसे परियों की टोली परस्पर हाथ पकड़, चंचल नूपुर-नृत्य करती हुई, लहरों की तरह अंग भंगियों में उठती-झुकती, कोमल कण्ठ स्वरों से गा रही हो। इस छन्द में जितनी ही अधिक लघु मात्राएँ रहेंगी, इसके चरणों में उतनी ही मधुरता तथा नृत्य रहेगा।

सोलह मात्रा का अरिल्ल छन्द भी निर्झरिणी की तरह कल-कल छल-छल करता हुआ बहता है। इसके तथा चौदह मात्रा के सखी छन्द की गति में कितना अन्तर है? सखी छन्द के प्रत्येक चरण में अन्त्यानुप्रास अच्छा नहीं लगता, दूर-दूर तुक रखने से यह अधिक करुण हो जाता है, अन्त में मगण के बदले भगण अथवा नगण रखने से इसकी लये में एक प्रकार का स्वर भंग आ जाता है, जो करुणा का संचार करने में सहायता देता है। पन्द्रह मात्रा का चौपाई छन्द अनमोल मोतियों का हार है, बाल साहित्य के लिए इससे उपयुक्त छन्द मुझे कोई नहीं लगता। इसकी ध्वनि में बच्चों की साँसें, बच्चों का कण्ठरव मिलता हैं; बच्चों की ही तरह यह चलने में इधर-उधर देखता हुआ, अपने को भूल जाता है। अरिल्ल भी बाल-कल्पना के पंखों में खूब उड़ता है।

हिन्दी में मुक्त काव्य का प्रचार भी दिन-दिन बढ़ रहा है; कोई इसे रबर काव्य कहते हैं, कोई कंगारू। सन् 1921 में जब 'उच्छवास' मेरी विरह कृश लेखनी से यक्ष के 'कनक वलय' की तरह निकल पड़ा था, तब 'निगम' जी ने 'सम्मलेन पत्रिका' में उस 'बीसवीं' सदी के 'महाकाव्य' की आलोचना करते हुए लिखा था, 'इसकी भाषा रँगीली, छन्द स्वच्छन्द है।' पर उस वामन ने कि लोकप्रियता के रात दिन घटने-बढ़ने वाले चाँद को पकड़ने के लिए बहुत छोटा था, कुछ ऐसी टाँगे फैला दीं कि आज, सौभाग्य अथवा दुर्भाग्यवश, हिन्दी में सर्वत्र 'स्वच्छन्द छन्द' ही की छटा दिखाई पड़ती है।

यह 'स्वच्छन्द छन्द' ध्वनि अथवा लय (रिद्म) पर चलता है। जिस प्रकार जलौघ पहाड़ से निर्झर नाद में उतरता, चढ़ाव में मन्द गति, उतार में क्षिप्रवेग धारण करता, आवश्यकतानुसार अपने किनारों को काटता-छाँटता, अपने लिए ऋजु-कुंचित पथ बनाता हुआ आगे बढ़ता है, उसी प्रकार यह छन्द भी कल्पना तथा भावना के उत्थान-पतन, आवर्तन-विवर्तन के अनुरूप संकुचित प्रसारित होता, सरल-तरल, ह्रस्व-दीर्घ गति बदलता रहता है।

इस मुक्त छन्द की विशेषता यह है कि इसमें भाव तथा भाषा का सामंजस्य पूर्ण रूप से निभाया जा सकता है। हरिगीतिका, पद्धरि, रोला आदि छन्दों में प्रत्येक चरण की मात्राएँ नियमित रूप से बद्ध हाने के कारण भावना को छन्द के अनुसार ले जाना, किसी प्रकार खींच-खाँचकर उसके ढाँचे में फिट कर देना पड़ता है; कभी पाद पूर्ति के लिए आवश्यक शब्द भी रख देने पड़ते हैं। उग्र साम्यवादियों की तरह ये छन्द बाह्य समानता चाहते हैं। मुक्त काव्य आन्तरिक ऐक्य, भाव भगत् के साम्य को ढूँढ़ता है। उसमें छन्द के चरण भावानुकूल हस्व-दीर्घ हो सकते हैं। क्वार्टरों में रहने वाले बाबुओं की तरह, भावना को, परतन्त्रता के हाथों बने हुए घरों के अनुसार, अपनी खाने-पीने, उठने-बठने, सोने-रहने की सुविधा को, कुछ इने-गिने कमरों ही में येन-केन-प्रकारेण ठूँस-ठाँसकर जीवन-निर्वाह नहीं करना पड़ता; वह अपनी स्वतन्त्र इच्छा, स्वाभाविक रुचि के अनुरूप, अपनी आत्मा के सुविधानुसार, अपना निकेतन बनाता है, जिसमें उसका जीवन अपने कुटुम्ब के साथ स्वेच्छानुसार हाथ-पाँव फैलाकर सुखपूर्वक रह सके।

इस प्रकार की कविता में अंगों के गठन की ओर विशेष ध्यान रखना पड़ता है। इसमें चरण इसलिए घटाये-बढ़ाये जाते हैं कि काव्य सम्बद्ध, संयमित रहे; उसकी शरीर-यष्टि न गणेश जी की तरह स्थूल तथा मांसल हो, न ब्रज भाषा की विरहिणी के सदृश अस्पष्ट अस्थि-पंजर। जहाँ छन्द के पद भावानुसार नहीं जाते, और मोहवश अपनी सजावट ही के लिए घटते-बढ़ते, चीन की सुन्दरियों अथवा पाश्चात्य महिलाओं की तरह केवल अपने चरणों को छोटा रखने के लिए लोहे के तंग जूते, कमर को पतली रखने के लिए चुस्त पेटी पहनने लगते, वहाँ उनके स्वाभाविक सौन्दर्य का विकास तो रुक ही जाता है, कविता अस्वस्थ तथा लक्ष्यभ्रष्ट भी हो जाती है।

'परिवर्तन' में जहाँ भावना का क्रिया कम्पन तथा उत्थान पतन अधिक है, जहाँ कल्पना उत्तेजित तथा प्रसारित रहती, वहाँ रोला आया है, अन्यत्र सोलह मात्रा का छन्द। बीच-बीच में छन्द की एक स्वरता तोड़ने तथा भावाभिव्यक्ति की सुविधा के अनुसार उसके चरण घटा-बढ़ा दिये गये हैं। यथा–

विभव की विद्युत ज्वाल, चमक, छिप जाती है तत्काल।

ऊपर के चरण में चार मात्राएँ घटाकर उसकी गति मन्द कर देने से नीचे के चरण का प्रभाव बढ़ जाता है। यदि ऊपर के चरण में चार मात्राएँ जोड़कर उसे 'विभव की चंचल विद्युत्ज्वाल'–इस प्रकार पढ़ा जाये, तो नीचे के चरण में विभव की क्षणिक छटा का चमककर, छिप जाने के भाव का स्वाभाविक स्फुरण मन्द पड़ जाती है। इसी प्रकार अन्यत्र भी भावनानुसार छन्दों में काट-छाँट कर दी गयी है।

'उच्छ्वास' और 'आँसू' से भी छन्द इसी प्रकार बदले गये, और आवश्यकतानुसार राग को विश्राम भी दे दिया गया है। यथा–"शैशव ही है एक स्नेह की वस्तु सरल कमनीय" के बाद "बालिका ही थी वह भी,"–इस प्रकार चरण में वाणी को विश्राम मिल जाता, तब नया छन्द–"सरलपन ही था उसका मन, निरालापन था आभूषन" इत्यादि प्रारम्भ होता है। उसी प्रकार–"सुमनदल चुन-चुन कर निशि भोर, खोजना है अजान वह छोर"–इस प्रकार सोलह मात्रा के छन्द की गति को 'नवल कलिका थी वह' वाले चरण में विश्राम देकर तब–'उसके उस सरलपने से मैंने था हृदय सजाया'–यह चौदह मात्रा का छन्द रखा है, इसकी गति पूर्ववर्ती छन्द की गति से मन्द है। जहाँ समगति के भिन्न-भिन्न छन्द आये हैं वहाँ विराम देने की आवश्यकता नहीं समझी गयी। इसके बाद प्रकृति-वर्णन है, उसमें निर्झरों का गिरना, दृश्यों का बदलना, पर्वत का सहसा बादलों के बीच ओझल हो जाना आदि, अद्‌भुत रस का मिश्रण है। इसलिए वहाँ पूर्वोक्त शिथिल गति वाले छन्द के बाद तुरन्त ही–'पावस ऋतु थी पर्वत प्रदेश, पल पल परिवर्तित प्रकृति वेश' इस क्षिप्रगामी छन्द मुझे अधिक उपयुक्त जान पड़ा। इस छन्द का सारा वेग–'वह सरला उस गिरि को कहती थी बादल घर–यह विस्तृत चरण रोक देता, और 'सरल शैशव की सुखद सुधि सी वही, बालिका मेरी मनोरम मित्र थी।' इस सुख-दुःख मिश्रित भावना को ग्रहण करने के लिए हृदय को तैयार कर देता है।

खड़ी बोली की कविता में क्रियाओं और विशेषतः संयुक्त क्रियाओं का प्रयोग कुशलतापूर्वक करना चाहिए, नहीं तो कविता का स्वर (एक्सप्रेशन) शिथिल पड़ जाता है और खड़ी बोली की कविता में यह दोष सबसे अधिक मात्रा में विराजमान है। 'है' को तो, जहाँ तक हो सके निकाल ही देना चाहिए, इसका प्रयोग प्रायः व्यर्थ ही हाता है। इन दो सीगोंवाले हरिण को 'आश्रम मृग' समझ, इस पर दया दिखाना ठीक नहीं, यह 'कनक मृग' है, इसे कविता की पंचवटी के पास फटकने न देना ही अच्छा है। 'समासों' का भी अधिक प्रयोग अच्छा नहीं लगता, समास का काम तो व्यर्थ बढ़कर इधर-उधर बिखरी तथा फैली हुई शब्दों की टहनियों को काट-छाँटकर

उन्हें सुन्दर आकार प्रकार देने तथा उनकी मांसल हरीतिमा में छिपे हुए भावों के पुष्पों को व्यक्त भर कर देने का है। समास की कैंची अधिक चलाने से कविता की डाल ठूँठी तथा श्रीहीन हो जाती है।

यह पुस्तक प्रो. राजेन्द्र सिंह (रज्जू भय्या) विश्वविद्यालय के हिन्दी विभाग द्वारा निधारित पाठ्यक्रम के अनुरूप है। इस पुस्तक का सम्पादन एम.ए. तृतीय सेमेस्टर के विधार्थियों के लिए बहुत प्रासंगिक एवं उपयोगी है। इसमें आधुनिक काव्य छायावाद तक के सभी महत्त्वपूर्ण कृतियाँ को सम्मलित किया गया है। इस सम्पादित ग्रन्थ में यथा सम्भव प्रयास किया गया है कि त्रृटियाँ न के बराबर हो। फिर भी कुछ त्रुटियाँ रह जाती है तो आप सब के सुझाव और मार्गदर्शन के बाद दूसरे संस्करण में समाहार कर लिया जायेगा।

इस पुस्तक का उद्‌देश्य मैथिलिशरण गुप्त, जयशंकर प्रसाद, सूर्यकान्त त्रिपाठी निराला तथा सुमित्रानन्दन पन्त की कविताओं के विविध पक्षों से रूबरू होंगे। साथ ही साथ देश, काल, वातावरण में इनकी कविताओं की प्रासंगिकता से भी परिचित हो सकेंगे। आशा है, इस पाठ्य पुस्तक से विद्यार्थियों के बौधिक उन्नयन का मार्ग प्रशस्त होगा।

परिवर्तन

•

सुमित्रानन्दन पन्त

कहाँ आज वह पूर्ण पुरातन, वह सुवर्ण का काल!
भूतियों का दिगन्त छविजाल,
ज्योति चुम्बित जगती का भाल?
राशि-राशि विकसित वसुधा का वह योवन विस्तान?
स्वर्ग की सुषमा जब साभार
धरा पर करती थी अभिसार!
प्रसूनों का शाश्वत शृंगार,
(स्वर्ण भृंगों के गन्ध विहार)
गूँज उठते थे बारम्बार,
सृष्टि के प्रथमोद्‌गार!
नग्न सुन्दरता थी सुकुमार,
ऋद्धि औ' सिद्धि अपार!
अये, विश्व का स्वर्ण स्वप्न संसृति का प्रथम प्रभात।
कहाँ वह सत्य, वेद विख्यात?
दुरित, दुख, दैन्य न थे जब ज्ञात,
अपरिचित जरा मरण भ्रूपात!
हाय! सब मिथ्या बात!–
आज तो सौरभ का मधुमास
शिशिर में भरता सूनी साँस!
वही मधुऋत की गुंजित डाल
झुकी थी जो यौवन के भार,

अकिंचनता में निज तत्काल
सिहर उठती–जीवन है भार!

आज पावस नद के उद्गार
काल के बनते चिह्न कराल;
प्रात का सोने का संसार
चला देगी सन्ध्या की ज्वाल!
अखिल यौवन के रंग उभार
हड्डियों के हिलते कंकाल;
चिकने, काले व्याल
केंचुली, काँस, सिवार;
गूँजते हैं सबके दिन चार,
सभी फिर हाहाकार!

आज बचपन का कोमल गात
जरा का पीला पात!
चार दिन सुखद चाँदनी रात,
और फिर अन्धकार, अज्ञात!
शिशिर-सा झर नयनों का नीर
झुलस देता गालों के फूल,
प्रणय का चुम्बन छोड़ अधीर
अधर जाते अधरों को भूल!

मदुल होंठों का हिमजल हास
उड़ा जाता नि:श्वास समीर,
सरल भौंहों का शरदाकाश
घेर लेते घन, घिर गम्भीर!
शून्य साँसों का विधुर वियोग
छुड़ाता अधर मधुर संयोग;
मिलन के पल केवल दो, चार,
विरह के कल्प अपार!

अरे, वे अपलक चार नयन
आप आँसू रोते निरुपाय;
उठे रोओं के आलिंगन
कसक उठते काँटों-से हाय!

किसी को सोने के सुख साज
मिल गये यदि ऋण भी कुछ आज;
चुका लेता दुख कल ही ब्याज,
काल को नहीं किसी की लाज!
विपुल मणि रत्नों का छवि जाल,
इन्द्रधनु की-सी छटा विशाल–
विभव की विद्युत् ज्वाल
चमक, छिप जाती है तत्काल;
मोतियों जड़ी ओस की डार
हिला जाता चुपचाप बयार!
खोलता इधर जन्म लोचन,
मूँदती उधर मृत्यु क्षण-क्षण,
अभी उत्सव औ' हास हुलास
अभी अवसाद अश्रु, उच्छ्वास!
अचिरता देख जगत की आप
शून्य भरता समीर निःश्वास,
डालता पातों पर चुपचाप
ओस के आँसू नीलाकाश;
सिसक उठता समुद्र का मन,
सिहर उठते उडगन!
अहे निष्ठुर परिवर्तन!
तुम्हारा ही ताण्डव नर्तन
विश्व का करुण विवर्तन!
तुम्हारा ही नयनोन्मीलन,
निखिल उत्थान पतन!
अहे वासुकि सहस्र फन!
लक्ष अलक्षित चरण तुम्हारे चिह्न निरन्तर
छोड़ रहे हैं जग के विक्षत वक्षःस्थल पर!
शत शत फेनोच्छ्वसित, स्फीत फूत्कार भयंकर
घुमा रहे हैं घनाकार जगती का अम्बर!
मृत्यु तुम्हारा गरल दन्त, कंचुक कल्पान्तर,
अखिल विश्व ही विवर,

वक्र कुण्डल
दिङ्मण्डल!
अहे दुर्जेय विश्वजित्!
नवाते शत सुरवर, नरनाथ
तुम्हारे इन्द्रासन तल माथ,
घूमते शत-शत भाग्य अनाथ,
सतत रथ के चक्रों के साथ!
तुम नृशंस नृप-से जगती पर चढ़ अनियन्त्रित:
करते हो संसृति को उत्पीड़ित, पद मर्दित,
नग्न-नगर कर, भग्न भवन, प्रतिमाएँ खण्डित,
हर लेते हो विभव, कला, कौशल चिर-संचित!
आधि, व्याधि, बहुवृष्टि, वात, उत्पात, अमंगल
वह्नि, बाढ़, भूकम्प-तुम्हारे विपुल सैन्य दल,
अहे निरंकुश! पदाघात से जिनके विह्वल
हिल-हिल उठता है टल मल
पद दलित धरातल!
जगत् का अविरल हृत्कम्पद
तुम्हारा ही भय सूचन;
निखिल पलकों का मौन पतन
तुम्हारा ही आमन्त्रण!
विपुल वासना विकच विश्व का मानस शतदल
छान रहे तुम, कुटिल काल कृमि से घुस पल-पल;
तुम्हीं स्वेद-सिंचित संसृति के स्वर्ण शस्य दल
दलमल देते, वर्षोपल बन, वांछित कृषिफल!
अये, सतत ध्वनि स्पन्दित जगती का दिङ्मण्डल

नैश गगन सा सकल
तुम्हारा ही समाधि-स्थल!
काल की अकरुण भृकुटि विलास
तुम्हारा ही परिहास;
विश्व का अश्रुपूर्ण इतिहास!
तुम्हारा ही इतिहास!

एक कठोर कटाक्ष तुम्हारा अखिल प्रलयंकर
समर छोड़ देता निसर्ग संसृति में निर्भर!
भूमि चूम जाते अभ्रध्वज सौध, श्रृंगवर,
नष्ट-भ्रष्ट साम्राज्य–भूति के मेघाडम्बर!
अये, एक रोमांच तुम्हारा दिग्भूकम्पन,
गिर-गिर पड़ते भीत पक्षि पोतों–से उडगन!
आलोड़ित अम्बुधि फेनोन्नत कर शत-शत फन,
मुग्ध भुजंगम-सा, इंगित पर करता नर्तन!
दिक् पिंजर में बद्ध, गजाधिप-सा वनिकानन
वाताहत हो गगन
आर्त करता गुरु गर्जन!
जगत की शत कातर चीत्कार
बेधतीं बधिर! तुम्हारे कान?
अश्रु स्रोतों की अगणित धार
सींचतीं उर पाषाण!
अरे क्षण-क्षण सौ-सौ नि:श्वास
छा रहे जगती का आकाश!
चतुर्दिक् घहर घहर आक्रान्ति
ग्रस्त करती सुख शान्ति!
हाय री दुर्बल भ्रान्ति!
कहाँ नश्वर जगती में शान्ति!
सृष्टि ही का तात्पर्य अशान्ति!
जगत अविरत जीवन संग्राम
स्वप्न है यहाँ विराम!
एक सौ वर्ष, नगर उपवन,
एक सौ वर्ष, विजय वन!
–यही तो है असार संसार,
सृजन, सिंचन, संहार!
आज गर्वोन्नत हर्म्य अपार
रत्न दीपावलि, मन्त्रोच्चार;
उलूकों के कल भग्न विहार,
झिल्लियों की झनकार!

दिवस निशि का यह विश्व विशाल
मेघ मारुत का माया जाल!

अरे, देखो इस पार–
दिवस की आभा में साकार
दिगम्बर, सहम रहा संसार
हाय! जग के करतार!!
प्रात ही तो कहलाई मात
पयोधर बने उरोज उदार,
मधुर उर इच्छा को अज्ञात
प्रथम ही मिला मृदुल आकार;
छिन गया हाय! गोद का बाल
गड़ी है बिना बाल की नाल।
अभी तो मुकुट बँधा था माथ,
हुए कल ही हलदी के हाथ;
खुले भी न थे लाज के बोल,
खिले भी चुम्बन शून्य कपोल,
हाय! रुक गया यहीं संसार
बना सिन्दूर अंगार;
वात-हत लतिका वह सुकुमार
पड़ी है छिन्नाधार!

काँपता उधर दैन्य निरुपाय,
रज्जु-सा, छिद्रों का कृश काय!
न उर में गृह का तनिक दुलार,
उदर ही में दानों का भार!
भुँकता सिड़ी शिशिर का श्वान
चीरता हरे! अचीर शरीर;
न अधरों में स्वर, तन में प्राण,
न नयनों ही में नीर!
सकल रोओं से हाथ पसार
लूटता इधर लोभ गृह द्वार;
उधर वामन डग स्वेच्छाचार;
नापती जगती का विस्तार;

टिड्डियों-सा छा अत्याचार
चाट जाता संसार!
बजा लोहे के दन्त कठोर
नचाती हिंसा जिह्वा लोल;
भृकुटि के कुण्डल वक्र मरोर
फुहूँकता अन्ध रोष फन खोल!
लालची गीधों-से दिन-रात,
नोचते रोग शोक नित गात,
अस्थि पंजर का दैत्य दुकाल
निगल जाता निज बाल!
बहा नर शोणित मूसलधार,
रुण्ड मुण्डों की कर बौछार,
प्रलय घन-सा घिर भीमाकार
गरजता है दिगन्त संहार;
छेड़कर शस्त्रों की झनकार
महाभारत गाता संसार!
कोटि मनुजों के निहित अकाल,
नयन मणियों से जटित कराल,
अरे, दिग्गज सिंहासन जाल
अखिल मृत देशों के कंकाल;
मोतियों के तारक लड़ हार,
आँसुओं के श्रृंगार!
रुधिर के हैं जगती के प्रात,
चितानल के ये सायंकाल;
शून्य निःश्वासों के आकाश,
आँसुओं के ये सिन्धु विशाल!
यहाँ सुख सरसों, शोक सुमेरु,
अरे, जग है जग का कंकाल!!
वृथा रे ये अरण्य चीत्कार,
शान्ति सुख है उस पार!
आह भीषण उद्गार!
नित्य का यह अनित्य नर्तन,

विवर्तन जग, जग व्यवर्तन,
अचिर में चिर का अन्वेषण
विश्व का तत्त्वपूर्ण दर्शन!
अतल से एक अकूल उमंग,
सृष्टि की उठती तरल तरंग
उमड़ शत शत बुद्बुद संसार
बूड़ जाते निस्सार।
बना सैकत के तट अतिवात
गिरा देती अज्ञात!
एक छवि के असंख्य उडगण
एक ही सब में स्पन्दन;
एक छवि के विभात में लीन,
एक विधि के रे नित्य अधीन!
एक ही लोल लहर के छोर
उभय सुख दुख, निशि भोर;
इन्हीं से पूर्ण त्रिगुण संसार,
सृजन ही है, संसार!
मूँदती नयन मृत्यु की रात
खोलती नवजीवन की प्रात
शिशिर की सर्व प्रलयंकर वात
बीज बोती ज्ञात!
म्लान कुसुमों की मृदु मुसकान
फलों में फिरती फिर अम्लान
महत् है अरे आत्म-वलिदान
जगत केवल आदान-प्रदान!
एक ही तो असीम उल्लास
विश्व में पाता विविधाभास
तरल जलनिधि में हरित विलास;
शान्त अम्बर में नील विकास;
वही उर उर में उर में प्रेमोच्छ्वास,
काव्य में रस, कुसुमों में वास;
अचल तारक पलकों में हास,

लोल लहरों में लास!
विविध द्रव्यों में विविध प्रकार
एक ही मर्म मधुर झंकार!
वही प्रज्ञा का सत्य स्वरूप
हृदय में बनता प्रणय अपार;
लोचनों में लावण्य अनूप,
लोक सेवा में शिव अविकार;
स्वरों में ध्वनित मधुर, सुकुमार
सत्य ही प्रेमोद्गार;
दिव्य सौन्दर्य, स्नेह साकार,
भावनामय संसार!
स्वीय कर्मों ही के अनुसार
एक गुण फलता विविध प्रकार;
कहीं राखी बनता सुकुमार
कहीं बेड़ी का भार!
कामनाओं के विविध प्रहार,
छेड़ जगती के उर तार,
जगाते जीवन की झंकार,
स्फूर्ति करते संचार;
चूम सुख दुख के पुलिन अपार
छलकती ज्ञानामृत की धार!
पिघल होंठों का हिलता हास
दृगों को देता जीवन दान,
वेदना ही में तपकर प्राण
दमक दिखलाते स्वर्ण हुलास!
तरसते हैं हम आठों याम,
इसी से सुख अति सरस, प्रकाम;
झेलते निशि दिन का संग्राम
इसी से जय अभिराम;
अलभ है इष्ट, अतः अनमोल,
साधना ही जीवन का मोल!
बिना दुख के सब सुख निस्सार,

बिना आँसू के जीवन भार;
दीन दुर्बल है रे संसार,
इसी से दया क्षमा औ' प्यार!
आज का दुख, कल का आह्लाद,
और कल का सुख, आज विषाद;
समस्या स्वप्न-गूढ़ संसार,
पूर्ति जिसकी उस पार;
जगत जीवन का अर्थ विकास,
मृत्यु, गति क्रम का ह्रास!
हमारे काम न अपने काम,
नहीं हम, जो हम ज्ञात;
अरे, निज छाया में उपनाम
छिपे हैं हम अपरूप;
गँवाने आये हैं अज्ञात
गँवाकर पाते स्वीय स्वरूप!
जगत की सुन्दरता का चाँद
सजा लांछन को भी अवदात
सुहाता बदल, बदल दिन-रात,
नवलता हो जग का आह्लाद!
स्वर्ण शैशव स्वप्नों का जाल,
मंजरित यौवन, सरस रसाल;
प्रौढ़ता, छायावट सुविशाल;
स्थविरता, नीरव सायंकाल;
वही विस्मय का शिशु नादान
रूप पर मँडरा, बन गुंजार;
प्रणय से बिंध, बँध, चुन-चुन सार
मधुर जीवन का मधु कर पान;
साध अपना मधुमय संसार
डुबा देता नित तन, मन, प्राण!
एक बचपन ही में अनजान
जागते सोते, हम दिन-रात;
वृद्ध बालक फिर एक प्रभात

देखता नव्य स्वप्न अज्ञात;
मूँद प्राचीन मरण,
खोल नूतन जीवन!
विश्वमय है परिवर्तन!
अतल से उमड़ अकूल, अपार,
मेघ-से विपुलाकार;
दिशावधि में पल विविध प्रकार
अतल में मिलते तुम अविकार!
अहे अनिर्वचनीय! रूप धर भव्य, भयंकर,
इन्द्रजाल-सा तुम अनन्त में रचते सुन्दर;
गरज-गरज, हँस-हँस, चढ़ गिर, छा ढा, भू अम्बर
करते जगती को अजस्र जीवन से उर्वर;
अखिल विश्व की आशाओं का इन्द्रचाप वर
अहे तुम्हारी भीम भृकुटि पर
अटका निर्भर!
एक औ' बहू के बीच अजान
घूमते तुम नित चक्र समान
जगत के उर में छोड़ महान्
गहन चिह्नों में ज्ञान!
परिवर्तित कर अगणित नूतन दृश्य निरन्तर
अभिनय करते विश्व मंच पर तुम मायाकार?
जहाँ हास के अधर, अश्रु के नयन करुणतर
पाठ सीखते संकेतों में प्रकट अगोचर;
शिक्षास्थल यह विश्व मंच, तुम नायक नटवर,
प्रकृति नर्तकी सुघर
अखिल में व्याप्त सूत्रधर
हमारे निज सुख, दुख, निःश्वास
तुम्हें केवल परिहास;
तुम्हारी ही विधि पर विश्वास
हमारा चिर आश्वास!
ऐ अनन्त हृत्कम्प! तुम्हारा अविरत स्पन्दन
सृष्टि शिराओं में संचारित करता जीवन;

खोल जगत के शत-शत नक्षत्रों-से लोचन
भेदन करते अन्धकार तुम जग का क्षण-क्षण;
सत्य तुम्हारी राज यष्टि, सम्मुख नत त्रिभुवन
भूप, अकिंचन,
अटल शास्ति नित करते पालन!
तुम्हारा ही अशेष व्यापार,
हमारा भ्रम, मिथ्याहंकार;
तुम्हीं में निराकार साकार,
मृत्यु जीवन सब एकाकार!
अहे महांबुधि! लहरों से शत लोक, चराचर
क्रीड़ा करते सतत तुम्हारे स्फीत वक्ष पर;
तुंग तरंगों से शत युग, शत-शत कल्पान्तर
उगल, महोदर में विलीन करते तुम सत्वर;
शत सहस्र रवि शशि, असंख्य ग्रह उपग्रह, उडगण
जलते, बुझते हैं स्फुलिंग-से तुम में तत्क्षण;
अचिर विश्व में अखिल-दिशावधि, कर्म, वचन, मन
तुम्हीं चिरन्तन
अहे विवर्तन हीन विवर्तन!

प्रथम रश्मि

सुमित्रानन्दन पन्त की यह कविता 1919 में लिखी गयी थी जो उनके पुस्तक 'वीणा' में संगृहीत है। यह छायावाद की शुरुआती कविताओं में प्रमुख है। इसमें छायावादी प्रवृत्तियों को प्रमुखता से व्यक्त होने का अवसर प्राप्त हुआ था। पन्त ने बालिका चिड़िया को सम्बोधित करते हुए बहुत ही कुशलता से अपना उद्‌गार व्यक्त किया है। वे कहते हैं कि हे रंगोंवाली चिड़िया, तुम्हें कैसे पता चलता है कि सुबह होनेवाली है? सुबह की पहली किरण (प्रथम रश्मि) के आने से पहले ही तुम उसके आने का संकेत कर देती हो। तुम कैसे पहचान जाती हो कि 'प्रथम रश्मि' आने वाली है? पन्त की इस प्रकार की जिज्ञासा को 'बाल सुलभ जिज्ञासा' कहा गया है। इस कविता में वे कई बार इस तरह की जिज्ञासा प्रकट करते हैं। वे आगे पूछते हैं कि हे बाल विहंगिनी (बालिका चिड़िया), तुमने इतना सुन्दर गायन कहाँ से प्राप्त किया है? भोर से पहले तुम अपने घोंसले में सोयी थी और सुन्दर सपने देख रही थी। सोते समय तुमने अपने शरीर को पंखों से ढँक रखा था। इस तरह तुम सुखपूर्वक सोती हुई सपनों में डूबी थी। तुम्हारे घोंसले के आसपास जुगनू घूम रहे थे। ऐसा लग रहा था मानो वे पहरेदार हों और तुम्हरे दरवाज़े की रक्षा कर रहे हों। हालाँकि सुबह होने तक वे जुगनू मानो थक गये थे और ऊँघते हुए घूम-घूमकर पहरेदारी कर रहे थे।

पन्त भोर के पहले के कई दृश्य इस कविता में उपस्थित करते हैं। अगला दृश्य यह है कि चाँद की किरणों के सहारे बादल धरती पर उतर रहे थे। बादल तो कामरूप होते हैं और आकाश में चलते हैं। मगर चाँदनी की डोर पकड़कर और ओस की बूँदें बनकर वे धरती पर उतर आये हैं। उन बादलों ने नवल कलियों के कोमल मुख को इतने प्रेम से चूमा है कि कलियों ने खिलते हुए मुस्कुराने की कला सीख ली है।

एक और दृश्य देखिए। आकाश के तारे रात में दीपकों की तरह चमक रहे थे। भोर होने से पहले ऐसा लगा मानो उन दीपकों में तेल समाप्त हो गया हो और वे बुझते-बुझते-से जल रहे हों। धरती पर हवा लगभग रुक गयी थी। पेड़ के पत्ते ऐसे

स्थिर हो गये थे मानो वे साँस भी नहीं ले रहे हों। धरती के सभी प्राणी सोये थे। चारों तरफ़ अँधेरा छाया था और केवल सपनों का आवागमन मालूम पड़ रहा था। किसी को आभास नहीं था कि अब रात समाप्त हो गयी है और प्रथम रश्मि यहाँ पहुँचने के लिए चल पड़ी है।

ऐसे समय में तुम अचानक कूक उठी। तुम तो पेड़ों पर रहती हो। तुम्हें कैसे पता चल जाता है कि प्रथम रश्मि आने ही वाली है। इन पंक्तियों में पन्त तरुवासिनी के रूप में कोयल को याद कर रहे हैं क्योंकि यहाँ कूक शब्द का प्रयोग हुआ है। हे तरुवासिनी, तुम सहसा स्वागत के मीठे गीत के तराने उठाने लगी। तुम तो अन्तर्यामिनी मालूम पड़ती हो। लगता है जैसे तुम्हें छिपी हुई बातों की भी जानकारी रहती है। पन्त इस अंश में दो तरह की बातें कह रहे हैं-पहली यह कि तुम अन्तर्यामिनी हो और दूसरी यह कि बता दो कि तुम्हें प्रथम रश्मि के आने के बारे में किसने बतलाया?

यहाँ इस कविता का पहला हिस्सा पूरा होता है। रात्रि के अन्तिम प्रहर के कुछ और दृश्य अंकित करते हुए पन्त लिखते है कि सृष्टि गहरे अँधेरे में दूबी हुई है। उस रहस्यमय अँधेरे के भीतर से मानो भूत-प्रेत-बेताल जैसी शक्तियाँ बाहर निकल आयी थी। पन्त यहाँ लोकमान्यताओं का उपयोग कर रहे हैं। जिनके अनुसार रात में पैशाचिक शक्तियाँ सक्रिय हो जाती हैं। रात में छाया के रूप में या छायाहीन शरीर के रूप में निकलकर ये दुष्ट निशावर जादू-टोना और मायावी कर्म कर रहे थे। चाँद ढल रहा था। ऐसा लग रहा था मानो चाँद एक स्त्री हो। उसके चेहरे पर अपने प्रिय से मिलन और रति-कर्म के निशान मौजूद थे। इस बात को पन्त ने अपनी शैली में लिखा है कि रात के रति-कर्म से थककर शशिबाला का चेहरा कान्तिहीन हो चुका है। वह अपना चेहरा छिपाते हुए चली जा रही है। वह मानो डर रही है कि उसके चेहरे पर मौजूद प्रिय-मिलन के चिह्नों को कोई देख न ले। इससे उसका उपहास किया जा सकता है। यह तो आकाश में हो रहा था। धरती पर जलाशयों में कमल समुचित थे। कमल की बन्द पंखुड़ियों के भीतर भौंरा क़ैद था। अब तो सुबह होने पर ही कमल की पंखुड़ियाँ खुलेंगी और भौंरा निकल पायेगा। दूसरी तरफ़ चकवा-चकई एक-दूसरे को देखने के लिए चीत्कार कर रहे हैं। बावजूद इसके वे आसपास होकर भी रात में एक-दूसरे को देख नहीं पाते हैं। सुबह होने पर ही उनकी मुलाक़ात हो पाती है। पूरी धरती सोयी हुई थी। मानो सभी इन्द्रियाँ मूर्छित हो गयी हों। संसार स्तब्ध लग रहा था। रात के अँधेरे और सन्नाटे में जड़-चेतन एक-जैसे लग रहे थे क्योंकि किसी में गति और ध्वनि नहीं थी। सूनेपन के कारण विश्व एक शून्य की तरह लग रहा था। ऐसा मालूम पड़ता था कि संसार के हृदय में केवल साँसों का आना-जाना ही हो पा रहा है। इन परिस्थितियों में हे बाल विहंगिनी, तुमने जागृति का गाना गाया।

तुम 'बहु दर्शिनी' हो। तुम ढेर सारी चीज़ों को देख लेने की क्षमता रखती हो। तुम्हारे गान से श्री (शोभा), सुख और सौरभ का ताना-बाना पूरे माहौल में बन गया। यहाँ इस कविता का दूसरा हिस्सा पूरा होता है।

अन्तिम चरण में सुबह का चित्रण है। अँधेरा तो आकारविहीन होता है। सुबह हुई और प्रकाश फैलने लगा। ज्योति-पुंज में मानो निराकार अँधेरा साकार होकर दिखाई पड़ने लगा। जैसे-जैसे रोशनी फैलती गयी, संसार की अनेकानेक चीज़ें अपने रूप और नाम के साथ सामने प्रकट होने लगीं। अब तक तो न रूप दिख रहा था और न उन्हें नाम से जानने की गुंजाइश थी। सब कुछ अँधेरे में डूबा था और केवल एक आकार दिख रहा था जिसे अँधेरा ही कहा जा सकता है। सुबह होते ही पौधों में गतिशीलता पैदा हुई। ऐसा लगा मानो वे पुलक और सिहरन से भर गये हों, सोयी हुई हवा चल पड़ी हो। फूलों की पंखुड़ियों पर ओस की बूँदें मोती के दानों की तरह ढुलक पड़ीं, यूँ लगा कि फूलों के होंठों पर हँसी झलक पड़ी हो। पलकें खुल गयीं, स्वर्ण छवि चारों तरफ़ फैल गयी, सुगन्धित वायु प्रवाहित होने लगी और तरुण उम्र के भौंरे डोलते हुए घूमने लगे। स्पन्दन, कम्पन और जीवन की नूतनता को संसार ने मानो अपनाना सीख लिया हो। तुम रंगों से परिपूर्ण हो। हे बाल विहंगिनी, तुमने प्रथम रश्मि का आना कैसे पहचान लिया। तुमने स्वर्ग की तरह के सुन्दर गान को कहाँ-कहाँ से प्राप्त किया?

निस्सन्देह, 'प्रथम रश्मि' पन्त की ही नहीं, छायावादी दौर की भी एक विशिष्ट और अविस्मरणी रचना है।

प्रथम रश्मि

•

सुमित्रानन्दन पन्त

प्रथम रश्मि का आना रंगिणि!
तूने कैसे पहचाना?
कहाँ, कहाँ हे बाल-विहंगिनि!
पाया तूने वह गाना?
सोयी थी तू स्वप्न नीड में,
पंखों के सुख में छिपकर,
ऊँघ रहे थे, घूम द्वार पर,
प्रहरी-से जुगनू नाना।

शशि-किरणों से उतर-उतरकर,
भू पर कामरूप नभ-चर,
चूम नवल कलियों का मृदु-मुख,
सिखा रहे थे मुस्काना।

स्नेह-हीन तारों के दीपक,
श्वास-शून्य थे तरु के पात,
विचर रहे थे स्वप्न अवनि में
तम ने था मण्डप ताना।
कूक उठी सहसा तरु-वासिनि!
गा तू स्वागत का गाना,
किसने तुझको अन्तर्यामिनि!
बतलाया उसका आना!

□□